KINDLER STUDIENAUSGABE

HERBERT GOETZE / WOLFGANG JAEDE

Nicht-direktive Spieltherapie

HERBERT GOETZE / WOLFGANG JAEDE

Nicht-direktive Spieltherapie

Eine wirksame Methode zur Behandlung
kindlicher Verhaltensstörungen

KINDLER STUDIENAUSGABE

2. Auflage
© Copyright 1974 by Kindler Verlag GmbH, München
Alle Rechte vorbehalten, auch die des teilweisen Abdrucks, des öffentlichen Vortrags
und der Übertragung in Rundfunk und Fernsehen.
Redaktion: R. Rotter
Korrekturen: H. Bernard
Umschlaggestaltung: H. Numberger
Gesamtherstellung: Druck- und Buchbinderei-Werkstätten May & Co, Darmstadt
Printed in Germany 1975
ISBN: 3 463 00579 4

INHALT

5

6

7

1. Einleitung

Klinische Psychologen, Erziehungsberater, Psychagogen, Sozialpädagogen, Ärzte, Lehrer und Eltern stehen ihrer Aufgabe gemäß oft vor Problemen, die ihnen fast unlösbar erscheinen. Der Zugang zu neueren wissenschaftlichen Erkenntnissen ist ihnen meist verwehrt, so daß sie auf ein Wissen zurückgreifen müssen, das sie sich vor längerer Zeit angeeignet haben, welches sie jedoch in vielen problematischen Situationen doch nicht weiter zu bringen vermag. So kommt es, daß Erziehungsfachleute teilweise schlecht informiert sind, teilweise gar nicht um die Entwicklung neuerer Ansätze und die Weiterentwicklung alter Behandlungsmethoden wissen. Viele Fragen müssen offen bleiben, eine kritische Reflexion eigenen Handelns erscheint kaum realisierbar.

Eine seit längerer Zeit bekannte Behandlungsform kindlicher Verhaltensprobleme ist die kind-zentrierte Spieltherapie (auch nicht-direktive, klient-zentrierte, empirisch fundierte Kinderspieltherapie bzw. Kinderpsychotherapie genannt).

Was nun das Wissen um die kind-zentrierte Spieltherapie anbelangt, scheinen weder die alten theoretischen Konzepte noch die neueren Ansätze der empirischen Fundierung hinlänglich bekannt zu sein, so daß der Interessentenkreis praktisch keine Möglichkeit für sich sieht, kritisch Stellung zu nehmen oder ein kind-zentriertes Verhalten zu trainieren und effektiv zu praktizieren.

Die nun folgenden Ausführungen sollen hier eine Hilfestellung geben.

Unser Ziel ist es, den gegenwärtigen Wissensstand für eine bestimmte Leserschaft aufzubereiten, die sich über moderne Behandlungsmethoden informieren möchte. Vermutlich werden verschiedene Informationsbedürfnisse vorliegen:

Der eher an der Praxis kind-zentrierter Spieltherapie orientierte Leser wird sich mehr für die Kapitel 2 (Aspekte kindertherapeutischer Arbeit), 3.2. (Grundprinzipien der Kindertherapie) und 5 (Probleme der Praxis kind-zentrierten Spielens) interessieren, wobei auch die im Anhang angebotenen Skalen und Gesprächsausschnitte eine praktische Hilfe darstellen können.

Der mehr am theoretischen Fundament interessierte Leser wird — seinen Erwartungen gemäß — relevante Inhalte in den Kapiteln 2 und 3 (Traditionelles theoretisches Gerüst des nicht-direktiven Vorgehens), 4 (Experimentell-empirische Grundlagen der kind-zentrierten Spieltherapie) sowie 5.4. (Einbeziehung von Bezugspersonen) finden.

Natürlich ist es wünschenswert, sich mit *allen* Inhalten auseinanderzusetzen, weil das Konzept der kind-zentrierten Spieltherapie erst dann recht verständlich wird.

Die Autoren verstehen ihre Rolle nicht so, daß sie für den Leser in der Bewertung der Spieltherapie Vorentscheidungen zu fällen hätten. Wo wir eigene Meinungen und Stellungnahmen vorbringen, sind diese als solche deutlich gekennzeichnet.

Ein Teil der Leser mag sich enttäuscht zeigen, weil immer wieder die Rede von sogenannten Therapeuten sein wird, und weil er sich damit nicht identifizieren kann. An dieser Stelle sei betont, daß wir die Therapeutenrolle in einer erweiterten Bedeutung verstehen wollen. Jeder, der konsequent versucht, therapeutische Prinzipien wirksam anzuwenden, kann u. E. im weiteren Sinn als Therapeut bezeichnet werden. Eine mögliche Differenzierung zwischen Personen, die sich in der Ausbildung befinden oder aus uneigennützigen Motiven anderen helfen wollen, und Personen, die berufsmäßig therapieren,

10

könnte in den Bezeichnungen »Laientherapeut« bzw. »Berufstherapeut« zum Ausdruck kommen. Wir möchten beide Personengruppen ansprechen.

Dabei muß das kind-zentrierte Verfahren noch nicht einmal als durchweg therapeutische Methode angesehen werden. Gewissermaßen prophylaktisch lassen sich die Prinzipien kind-zentrierten Spielens auch auf andere Lebensbereiche übertragen, so daß die in diesem Buch angesprochenen Inhalte auch für Eltern und Erzieher interessant sein können. Die Darstellungen beruhen in der Regel auf Erfahrungen, die in Einzelkontakten mit Kindern gewonnen worden sind. Auf eine breite Ausführung der kind-zentrierten Gruppenspieltherapie wurde verzichtet, da entsprechende Ergebnisse kaum vorhanden sind. Vieles läßt sich aber sinngemäß auf die Gruppentherapie übertragen.

2. Aspekte kindertherapeutischer Arbeit

2.1. *Einordnung des nicht-direktiven Verhaltens in ein Erziehungsstilmodell*

Die Notwendigkeit, nicht-direktives Erzieher-, Lehrer- oder Therapeutenverhalten gegen andere Verhaltensstile abzugrenzen, ergibt sich aus dem Verständnis und Mißverständnis des nicht-direktiven Vorgehens, wie es teilweise bei Erziehern und Eltern zu beobachten war und ist. An dieser Stelle möchten wir nur nebenbei auf die teilweise katastrophalen Effekte hinweisen, die durch solche Mißverständnisse des nicht-direktiven Konzepts entstehen können.

Für den Leser, der bisher weniger gewohnt war, in Modellen zu denken, sei folgendes vorausgeschickt:

In einem Teil der angewandten Psychologie wird die Komplexität menschlichen Verhaltens mit dem Ziel erforscht, die wesentlichen Merkmale herauszuarbeiten. Vergegenwärtigt man sich die Situation im Elternhaus, in der Schule oder im Kindergarten, mag es so scheinen, als ob der Vereinfachung des immens komplexen Geschehens unüberwindliche Schwierigkeiten im Wege stehen. Trotzdem ist es gelungen, wesentliche Merkmale des Erzieherverhaltens herauszuarbeiten, wozu nicht zuletzt die sehr komplizierten mathematisch-statistischen Analysemethoden verholfen haben. Es ist also gelungen, die Vielfalt von Erzieherverhaltensweisen auf wenige, dafür jedoch prägnante und maßgebliche Merkmale, »Dimensionen«, zu reduzieren. Diese wenigen Verhaltensdimensionen werden dann zu einem Modell vereinigt.

Viele Wissenschaftler haben besonders in den letzten Jahren Erziehungsverhalten untersucht und sind zu durchaus unterschiedlichen Modellen gekommen.

12

Wir wollen nun ein bestimmtes Erziehungsstilmodell näher betrachten; es hat gegenüber anderen Modellen den Vorzug der direkten Vergleichbarkeit des nicht-direktiven Vorgehens mit anderem Erzieherverhalten. (Natürlich kann es das Therapeutenverhalten nur teilweise abdecken.)

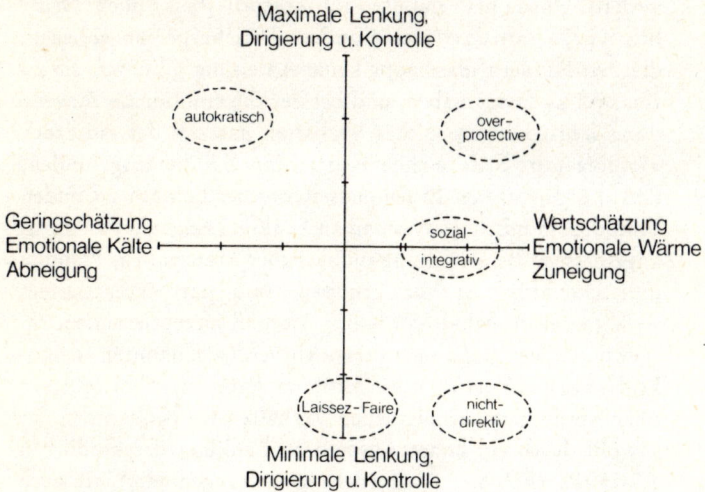

Abb. 1: Einordnung von typologischen Verhaltensformen in das Koordinatensystem der Hauptdimension Geringschätzung vs. Wertschätzung sowie minimale Lenkung vs. maximale Lenkung nach TAUSCH und TAUSCH (1970, S. 172)

Dieses Modell besteht also nur aus zwei Merkmalen: Lenkung und emotionale Wärme. Praktisch kann man nun so mit ihm umgehen, daß man das Verhalten eines Erwachsenen einerseits danach einstuft, wie stark Lenkung des kindlichen Verhaltens, andererseits danach, wie stark emotionale Wärme zum Ausdruck kommt. Die Einstufungen selbst können nach Methoden vorgenommen werden, wie sie bei TAUSCH und TAUSCH (1970) vorgeschlagen werden.

13

Mit Hilfe dieses Modells lassen sich die altbekannten Erziehungstypen »autokratisch«, »demokratisch« und »Laissez-faire« recht gut identifizieren:

Ist etwa der Erziehungsstil eines Lehrers dadurch gekennzeichnet, daß dieser Lehrer zum überwiegenden Teil geringe emotionale Wärme zeigt und sich zugleich stark dirigistisch verhält, würde man ihn als »autokratisch« bezeichnen. Deutlich würde sich davon eine andere Erzieherperson abheben, die den Kindern überhaupt keine Anleitung gibt, was sie zu tun und zu lassen haben, und bei der die emotionale Zuwendung fehlt. Für ein solches Verhalten hat sich der Ausdruck »Laissez-faire-Stil« eingebürgert. Man hat herausgefunden, daß die günstigsten Erziehungseffekte bei Lehrern zu finden sind, die ein mittleres Ausmaß an Lenkung zeigen (etwa durch angemessene Bereitstellung didaktischer Materialien, Planung und Durchführung von gruppen- und partnerzentriertem Arbeiten etc.), jedoch ein hohes Ausmaß akzeptierenden, respektierenden Verhaltens verwirklichen (sogenannter »demokratischer« Unterricht). — Mitunter kann man bei Müttern oder Kindergärtnerinnen einen Verhaltensstil beobachten, der sowohl durch ein hohes Ausmaß an Lenkung der kindlichen Aktivität (Befehle, Aufforderungen, Fragen etc.) als auch durch häufig zum Ausdruck gebrachte Liebe (Umarmen, Liebkosungen etc.) charakterisiert ist; solche Persönlichkeiten werden im englischen Sprachgebrauch mitunter als »overprotective« bezeichnet, wobei der Akzent auf dem ängstlichen, besitzergreifenden Besorgtsein um das Wohl des Kindes liegt.

Nachdem wir nun einige Typen erzieherischen Verhaltens kennengelernt haben, fällt die logische Platzanweisung eines nicht-direktiven Vorgehens im Sinne von ROGERS und AXLINE leicht: Das Konzept, welches im 3. Kapitel genauer dargestellt wird, schreibt dem Therapeuten vor, sich bis auf wenige, genau definierte Situationen (Initialkontakte, Grenzüberschreitungen) nicht-lenkend zu verhalten. Dies ist eine Verhaltensanweisung, die schließlich der Therapie ihren Namen gegeben

14

hat. Dabei unterscheidet sich diese Nicht-Direktivität vom Laissez-faire-Stil zunächst dadurch, daß sie ganz gezielt eingesetzt wird. Im Modell müssen wir einen Punkt auf der Ordinate, die als »Lenkung« bezeichnet ist, aufsuchen, der dieses geringe Ausmaß an Lenkung repräsentiert, also ganz unten. Das Konzept beinhaltet jedoch noch eine andere Vorschrift an den Therapeuten, nach der er seine ganze Aufmerksamkeit auf die Gefühle des Kindes zu richten und die so wahrgenommenen Inhalte in seinem Verbalverhalten zum Ausdruck zu bringen hat. Auch diese Handlungsanweisung an den Therapeuten hat der Therapie ihren (anderen) Namen gegeben: klient-zentrierte Spieltherapie. Im Modell müßte man entsprechend auf der Abszisse, die als »emotionale Wärme« bezeichnet ist, einen Punkt aufsuchen, der ein hohes Ausmaß ausdrückt, also ganz rechts. In diesem Merkmal unterscheidet sich also das nicht-direktive Vorgehen deutlich vom Laissez-faire-Verhalten. Die emotionale Wärme des Therapeuten scheint gerade erst jenes Gefühl des Angenommenwerdens beim Kind hervorzurufen, welches die Voraussetzung für konstruktive Verhaltensänderungen ist. In diesem Punkte gibt es also Ähnlichkeiten mit dem demokratischen Erziehungsstil.

Sucht man nun den Schnittpunkt im Koordinatensystem auf, kommt man im Modell in jene Region, die als »nicht-direktiv« gekennzeichnet ist und sich deutlich abhebt von den anderen Feldern, welche die zuvor charakterisierten Typen repräsentieren.

Im Sinne des vorgestellten Erziehungsstilmodells und seiner Implikationen für die nicht-direktive Spieltherapie wird der Leser nun realistische Erwartungen an die folgenden Kapitel haben können:

Eltern, Lehrer, Sozialpädagogen, die ihrer Rolle gemäß recht selten in die Situation kommen, sich gezielt nicht-direktiv Kindern gegenüber zu verhalten, können u. U. insofern Nutzen aus den folgenden Ausführungen ziehen, als sie die

15

anderen wesentlichen Variablen für ihre eigene Erziehungs-
praxis problematisieren und gegebenenfalls aktualisieren
können.

Zunächst jedoch müssen wir uns fragen, was das Wesen
kindlichen Spielens eigentlich ausmacht.

2.2. *Spieldefinitionen und Spieltheorien*

Man muß sich einmal vergegenwärtigen, welche Tätigkeiten
im Alltagssprachgebrauch mit der Bezeichnung »Spiel« belegt
werden: Schauspiel, Liebesspiele, sportliche Spiele, Gesellschaftsspiele, Instrumentalspiel, Glücksspiele, Kinderspiele.
Aus dieser Aufzählung geht bereits hervor, wie schwer es fallen wird, in einem Satz zu sagen, was ein Spiel denn nun »an
sich« ist. Selbst wenn wir uns nur auf »Kinderspiele« beschränken, liegt eine eindeutige Spieldefinition noch immer
nicht auf der Hand.

So berühmte Männer wie ROUSSEAU, SCHILLER, FREUD,
HUIZINGA haben mehr oder weniger vergeblich versucht, das
Gesamtphänomen definitorisch in den Griff zu bekommen.
Immerhin ist es doch gelungen, einige Wesensmerkmale des
Kinderspiels herauszustellen:

So sah SCHEUERL (1954) als wesentlich an, daß Kinderspiele
um ihrer selbst willen durchgeführt werden, sie unterstehen
nicht den üblichen Zwängen des Daseins; sie beherbergen un-
endliche Variationsmöglichkeiten bei gleichzeitiger innerer
Geschlossenheit (Spielregeln) und spiegeln eine hohe innere
Spannung wider. Daneben können Kinderspiele dadurch gekennzeichnet sein, daß sie von freudigen Gefühlsäußerungen
begleitet sind, und daß sie spontan entstehen können und ab-
klingen, sobald die Spielfreude nachläßt. Wenn man nach der
Bedeutung des Spielens für das Kind selbst fragt, so dürfte
die Antwort einem Erwachsenen recht schwerfallen. ERIKSON
(in HAWORTH, 1964) vermutet, daß das Spiel eine Form kind-

16

lichen Experimentierens ist, mit deren Hilfe es seine Umwelt erfahren und bewältigen kann.

Wollte man eine Formel finden, die sich nicht auf die vielen Erscheinungsformen kindlichen Spielens, sondern auf Beobachtbares und Registrierbares bezieht, so könnte man sagen:

Unter Spiel werden verschiedene kindliche Verhaltensformen subsumiert, die größtenteils spontan entstehen und sich durch einen hohen inneren Befriedigungswert auszeichnen.

Eine solche Beschreibung offenbart, warum das kindliche Spiel eine so große Rolle in der Kinderpsychotherapie spielt: Das Spiel scheint eine wichtige Verhaltensdimension von Kindern zu sein und zugleich ein Medium, auf das jedes Kind ansprechbar ist.

Wenn wir »Spiel« als eine wesentliche kindliche Verhaltensform apostrophiert haben, so ist in etwa unser theoretischer Hintergrund für den vorinformierten Leser angedeutet: Wie später noch ausgeführt werden wird, sehen wir auch diese kindliche Aktivität auf dem Hintergrund einer Verhaltenspsychologie, ohne daß wir eine neue umfassende Spieltheorie explizieren wollen.

Immerhin mag es interessant sein, wie das Spiel bisher theoretisch zu beschreiben und zu erklären versucht wurde (s. FLITNER, 1972):

So hat SPENCER (1873; dt. 1886) mit seiner »Kraftüberschußtheorie« vermutet, daß sich der »Kraftüberschuß«, der sich aus der Differenz Kraftpotential minus Kraftverbrauch (für Nahrungsbeschaffung und Fortpflanzungsaktivitäten) ergibt, im Spiel zeigt.

Stanley HALL (1904) hat an eine Hypothese angeknüpft, die zu seiner Zeit heftig diskutiert wurde: das phylogenetische bzw. psychogenetische Grundgesetz. Er meinte, daß das Kind in seinen Spielen phylogenetisch bisher Dagewesenes wiederholt, also die Geschichte der Kultur rekapituliert (z. B. primitive Techniken, die Stufe der Sammler und Jäger).

17

GROOS (1899) betonte dagegen mehr die Bedeutung des Spielens für die Zukunft des Kindes: Im Spiel wird der spätere Zustand des Erwachsenseins vorweggenommen, in ihm kann sich das Kind darauf »einüben«.

Entsprechend den Überlegungen früherer Triebtheoretiker, die für viele Zustände inneren Angetriebenseins einen »Trieb« annahmen, lag auch die Hypothese eines »Spieltriebes« nahe, die noch heute sehr volkstümlich zu sein scheint. Es scheint überhaupt so zu sein, daß das Spiel erst im Nachhinein in bestehende Persönlichkeitsmodelle eingefügt wurde.

So hat ADLER in seiner Individualpsychologie, die besonders durch die Dimension »Machtstreben« gekennzeichnet ist, das Spiel als Scheinbefriedigung dieser Macht- und Geltungstriebe gesehen. Kinder würden ihr Minderwertigkeitsgefühl der Machtlosigkeit gegen Erwachsene ausspielen, indem sie die Realität gemäß ihren Machtwünschen verändern.

Das psychoanalytische Persönlichkeitsmodell brachte konsequenterweise eine Spieltheorie der Reinigung oder Katharsis hervor. Das heißt, daß das Individuum im Spiel die Gelegenheit hat, aggressive Triebe und Wünsche gesellschaftlich sanktioniert abzureagieren. Hier liegt ein »Dampfkesselmodell« zugrunde: Das Individuum muß, um seiner Psychohygiene willen, von Zeit zu Zeit »Dampf« ablassen können.

Die Bedeutung für eine mögliche Psychotherapie tritt unmittelbar zutage: Gestörten Kindern kann die Spielsituation endlich die Gelegenheit geben, Konflikte (z. B. aggressive Wünsche) durchzuarbeiten (vgl. Kapitel 2.4. über Kindertherapien). Es mag nur angedeutet werden, daß von anderer Seite die zugrunde liegende Annahme und ihre konsequente Anwendung in der Therapie für falsch und in ihren Konsequenzen für sozial gefährlich gehalten wird.

Jean PIAGET hat eine Spieltheorie vorgestellt, die sich unmittelbar an seine Theorie der Entwicklung kindlichen Denkens anschließt, deren Explizierung hier jedoch zu weit führen

18

würde. Immerhin sei vermerkt, daß er im Laufe der Entwicklung drei Spielarten unterscheidet:

1. Übungsspiel (Üben einfacher Funktionen),
2. Symbolspiel (Spielen mit Vorstellungen, Symbolen),
3. Regelspiel (Einbeziehung der sozialen Außenwelt).

PIAGET sieht also kindliches Spielen ganz auf dem Hintergrund der Intelligenzentwicklung.

Abschließend sei noch ein neuerer Ansatz von HECKHAUSEN (1964) angeführt, der das Spiel als Aktivierungsvorgang betrachtet: Es kennzeichne geradezu das Spiel, daß eine Spannung erst gesucht wird, die dann sogleich wieder abgebaut wird. Dieser Motivations-Aktivierungs-Zirkel wird durch Situationsfaktoren, Erwartungshaltungen, Risikobereitschaft und den Wahrnehmungs- und Erlebnisvorgängen selbst in Gang gehalten.

Die genannten Theorien seien kurz zusammengefaßt:

Verhaltenstheoretische Auffassung	Spielen als eine Verhaltensform
SPENCER	Kraftüberschußtheorie
HALL	Wiederholungstheorie
GROOS	Einübungstheorie
HALL u. a.	Triebtheorie
ADLER	Individualpsychologische Theorie
FREUD u. a.	Katharsishypothese
PIAGET	Kognitive Spieltheorie
HECKHAUSEN	Aktivierungstheorie

Schließlich müssen wir noch darauf hinweisen, daß mit der Bezeichnung »Spieltheorie« ein bestimmter Bereich der mathematischen Sozialpsychologie belegt ist, wobei es unter genau definierten Voraussetzungen (wie Ausgangswahrscheinlichkeiten, Elementenzahl etc.) um eine Gewinnmaximierung nach festgelegter Strategie geht.

Halten wir fest: Kinder suchen Spielsituationen spontan auf, weil sie Spiele als in sich selbst befriedigend erleben, wobei die Gründe bisher weitgehend unbekannt geblieben sind. Trotz der geringen theoretischen Durchdringung ließ sich das kindliche Spiel auch dort fruchtbar einsetzen, wo es um die diagnostische Aufklärung und therapeutische Bearbeitung kindlicher Erlebnis- und Verhaltensstörungen ging.

Wenden wir uns deshalb zunächst den Anwendungsmöglichkeiten des Spiels in der Kinderdiagnostik zu.

2.3. *Diagnostische Spielverfahren*

Seit dem Augenblick, in dem man sich der therapeutischen Möglichkeiten kindlichen Spielens bewußt wurde, entdeckte man das Spiel auch als Diagnostikum.

Vom heutigen Standpunkt aus muß man diese Spieltests jedoch nach denselben Richtlinien beurteilen, die auch für andere psychologische Testverfahren gelten. Diese Beurteilungskriterien sind hauptsächlich Objektivität, Zuverlässigkeit und Gültigkeit. Ein Verfahren muß also in der Durchführung, Auswertung und Interpretation möglichst objektiv sein, will man es als Test einstufen. Daneben muß es die in Frage stehenden Merkmale möglichst zuverlässig messen: Sollte man etwa morgen zu ganz anderen Ergebnissen kommen als man gestern erhalten hat, so wäre u. U. das Verfahren wenig zuverlässig, falls sich nicht das Merkmal selbst inzwischen verändert hat. Schließlich muß ein Verfahren auch gültig sein: Es muß wirklich die Merkmale messen, die es zu messen vorgibt.

Schauen wir uns daraufhin einige Spielverfahren an:

Das bekannteste Spielverfahren ist der sogenannte »Welt-Test« von Margret LOWENFELD (in: BIERMANN, 1969). Es ist auch heute noch weit verbreitet. Standardisierte, d. h. festgelegte Spielbedingungen hat die Autorin abgelehnt, weil sie mehr therapieren als diagnostizieren wollte. Die Aufgabe des Kindes ist, eine »Welt« zu bauen, die dann hinterher mit dem Kind zusammen gedeutet wird. LOWENFELD meint, daß man so einen Einblick in das Weltbild des Kindes, in seine Daseinsauffassung gewinnen könne. Sie geht dabei von keinem festgelegten Spielmaterial aus und gibt nur Hinweise, welche Dinge vorhanden sein sollten; diese können aber in einem spezifischen Fall auch ergänzt werden.

Im Gegensatz dazu hat Gerdhild von STAABS mit ihrem SCENO-Test 1938 ein Verfahren vorgestellt, dessen Material genau festgelegt war: 16 Figuren, 50 Holzklötze und 40 Zusatzobjekte. Die Gegenstände sind wohlgeordnet in einem Kasten untergebracht, dessen Deckel zur Spielunterlage wird. Hier soll das Kind nicht einfach nur eine eigene Welt herstellen, es soll — so die Intention — seine Problemlage darstellen, damit sein »Unbewußtes« diagnostiziert werden kann. Dazu könnten insbesondere die biegsamen Puppen anreizen, die durch ihre Größe und praktische Handhabung zu einer scenischen Darstellung anregen. Eine quantitative, also zahlenmäßige Auswertung wird nicht angestrebt, dafür liegt ein qualitativer Auswertungsbogen vor. STAABS weist selbst daraufhin, von welcher geringen Gültigkeit individuelle Ergebnisse des SCENO-Tests sein können, wenn sie schreibt, daß diagnostische Schlüsse nicht gezogen werden dürfen. Vielmehr müßten die Ergebnisse im Gesamtzusammenhang einer Untersuchung gesehen werden (Anamnese, andere Testdaten). Normierungsdaten liegen von STAABS nicht vor, man hat erst später versucht, nach formalen Kriterien Altersnormen zu erstellen (Gestaltung der Scene, Aufstellung der Figuren etc.). — Wir können festhalten, daß Auswertungs- und Interpretationsobjektivität sowie Zuverlässigkeit in den Überlegungen der Autorin kaum eine Rolle gespielt haben. Über den Aspekt der Gültigkeit wird ausgesagt, daß jeder Untersucher selbst

21

die Validität seiner Daten feststellen müsse, ein Verfahren, das testtheoretisch natürlich abzulehnen ist.

Bisher haben wir zwei sogenannte Spieltests vorgestellt. Der Leser, der weitere Verfahren kennenlernen möchte, sei auf die einschlägige Literatur verwiesen (s. HÖHN, 1963; HILTMANN, 1966; ZIMMERMANN, 1969).

Man sieht, daß den Spielverfahren viel zugemutet wird: Mit ihnen will man Entwicklungsstände bzw. -rückstände, persönliche Problemlagen, Persönlichkeitsstrukturen diagnostizieren. Wenn man einen Spieltest mit anderen Tests vergleicht, stellt sich heraus: Hat man es bei Tests im üblichen Sinne mit sehr vielen Aufgaben oder Testitems zu tun, so beherbergt ein Spielverfahren nur eine Aufgabe (»Baue eine Welt«), die allerdings aus vielen Elementen besteht (über 400 Spielsachen). Auf den Bereich der Intelligenzmessung übertragen, würde es bedeuten, daß man mit Hilfe einer einzigen Aufgabe etwas Sicheres über die Intelligenz des Probanden aussagen wollte. Im Bereich der Persönlichkeitsdiagnostik hingegen glaubt man, so vorgehen zu können, obwohl die Persönlichkeitsstruktur ein noch komplexerer Sachverhalt sein dürfte als Intelligenz. Nach allgemeingültigen Kriterien dürfte man die Spieltests also gar nicht als Tests betrachten. Trotzdem werden sie gern und häufig angewendet. »Die Beweiskraft der Spielverfahren liegt bisher mehr in ihrer praktischen Bewährung, als daß sie durch exakte Testkontrollen gesichert wäre« (E. HÖHN, 1963, S. 696).

In der Kinderdiagnostik haben wir es mit Probanden zu tun, die mitunter deutliche Verhaltensauffälligkeiten zeigen. Bevor man also an die eigentliche diagnostische Arbeit gehen kann, muß man versuchen, einen angemessenen Kontakt herzustellen. Wie oben betont, ist das Spielen ein eigentlich kindliches Medium, das aus diesem Grund zur Kontaktaufnahme hervorragend geeignet ist.

Man wird natürlich die Daten, die man im Rahmen eines solchen Vorgehens erhält, weiter verwenden, um mit ihrer

22

Hilfe Hypothesen über die Persönlichkeit eines Kindes oder die Entwicklung bestimmter Störungen zu bilden. Es wäre falsch anzunehmen, daß man nur mit testtheoretisch gut abgesicherten Verfahren angemessene Hypothesen aufstellen kann und darf. An dieser Stelle im diagnostischen Prozeß könnten Spielverfahren eine große Hilfe sein, weil das Spiel des kindlichen Klienten nach theoretischen Vorannahmen (z. B. Psychoanalyse) oder ungenauen Normen (z. B. Altersnormen) vielfältige Ansatzpunkte für Hypothesenbildungen bietet.

Der entscheidende Fehler könnte nur der sein, daß man diese Hypothesen in einem Zirkelschluß durch das Spiel bereits als bestätigt ansieht. Ein nützlicheres Vorgehen wäre, an dieser Stelle nach anderen Verfahren zu suchen, die testtheoretisch besser abgesichert sind, sie im gegebenen Fall anzuwenden, um u. U. seine Hypothesen zu bestätigen oder auch zu verwerfen.

Ein aktuelles spieldiagnostisches Verfahren wurde 1969 in schwedisch und 1972 in deutsch von Gösta HARDING vorgestellt. Dabei handelt es sich um die sogenannte »Erica-Methode«, ein Spielverfahren mit 360 Spielsachen, die in 12 Fächern in einem Spielzimmer unterzubringen sind. Die Instruktion an das Kind lautet: »Hier siehst du eine Menge Spielsachen im Schrank. Du darfst herausnehmen, was du willst, und damit im Sandkasten spielen« (S. 110). Der Autor rät, diese Spielmethode dreimal durchzuführen und die Ergebnisse auf einem neu erstellten Formular zu fixieren. Dabei werden genaue Anweisungen gegeben, was an welcher Stelle aufzuschreiben ist. Die eigentliche Diagnose erstreckt sich auf formale und inhaltliche Kriterien, d. h. die formalen Elemente im Weltenbauen und die immer wiederkehrenden Themen werden analysiert. Der Autor möchte die Methode im Rahmen der Entwicklungsdiagnostik, der Milieu-, Persönlichkeits- und Krankheitsdiagnostik angewendet wissen. Er fügt dann Untersuchungsbefunde von 159 Patienten aus verschiedenen sozialen Schichten, Neurose- und Altersgruppen bei. Es folgt ein ausgedehnter Katalog von Verhaltensweisen und Verhaltensbeurteilungen, die bei diesen Kindern gemacht wurden.

Der Leser wird bemerken, daß hier ein Versuch vorliegt, die Aspekte »Objektivität« (Formular), »Zuverlässigkeit« (Dreimaliges Bauen) und »Gültigkeit« (verschiedene Syndrome) stärker zu berücksichtigen. Die eigentliche testtheoretische Fundierung fehlt aber auch hier. Insgesamt dürfte es sich um einen Versuch handeln, den Welt-Test auf heutige Verhältnisse zu adaptieren.

Damit unterscheidet sich dieses Verfahren nicht wesentlich in seinen Nachteilen von den zuvor genannten. Man wird auch mit ihm Hypothesen aufstellen, jedoch keine endgültigen diagnostischen Urteile fällen können, wozu es eigentlich konzipiert war. Beurteilt man die Sicherheit der diagnostischen Aussage aufgrund der Spielbeobachtung mit Hilfe der Erica-Methode, so müßte man das Verfahren als recht unökonomisch bewerten.

Man muß bei allen Spielverfahren davon ausgehen, daß bei einem hohen Maß an Ordnung des Materials dem Kind viel Freiheit der eigenen Spielgestaltung gewährt wird. Es liegt natürlich die Frage nahe, ob die gleichen Voraussetzungen nicht bereits in einem Spielzimmer mit einem hohen Anregungsgehalt (Spielkiste, Sandkasten, Kasperletheater, Puppenstube etc.) gegeben sind.

In diesem Sinne hat z. B. GINOTT (1966) versucht, eine Differentialdiagnose (zur Unterscheidung von normalen, unangepaßten, hirnorganisch geschädigten und geistesschwachen Kindern) aufgrund des Spielverhaltens zu stellen. Nach den Angaben von GINOTT (1966, S. 52 ff.) haben wir versucht, ein entsprechendes Kategorienschema zu erstellen (s. S. 26 u. 27).

In diesem Schema werden einzelne Kategorien von Spielverhalten in eine Beziehung gesetzt zu Begriffen, die Krankheitsbilder kennzeichnen sollen.

Kann man nun vom Vorkommen eines bestimmten Spielverhaltens allein etwa auf eine neurotische oder retardierte Persönlichkeitsstruktur schließen?

Wir müssen uns bei dieser Frage dringend den Bedenken anschließen, die GINOTT selbst dazu geäußert hat. Er schreibt:

»Jeder Versuch, diese Spiele in Kategorien zu fassen, müßte fehlschlagen, da sich die Beispiele bei Kindern verschiedener diagnostischer Begriffsklassen überschneiden. Immerhin erhellt die Darstellung besonders typischen Spielverhaltens die vorherrschende Kategorie. Die Ausführungen sind als Richtschnur gedacht, woran sich der Therapeut in seinen diagnostischen Sitzungen orientieren kann. Die Beobachtungen müssen vervollständigt und koordiniert werden mit der Anamnese des Kindes, mit medizinischen Untersuchungsergebnissen und allen anderen erreichbaren diagnostischen Unterlagen« (S. 52 f.).

Außerdem möchten wir dieser Kritik einen weiteren Gesichtspunkt hinzufügen:

Die verwendeten psychiatrischen Krankheitskategorien werden zur Zeit zunehmend in Frage gestellt. So stimmen Diagnostiker in der Anwendung dieser Kategorien mitunter wenig überein; die Differenzierung zwischen »retardiert« und »geistesschwach« bei GINOTT wird von anderen Autoren nicht vorgenommen. Weiterhin überlappen sich die Symptome in den einzelnen Krankheitsgruppen; Psychotiker weisen mitunter auch neurotische Symptome auf und umgekehrt.

Daraus wird deutlich, daß der Schluß von nur wenigen beobachteten Verhaltensweisen auf ein so bestimmtes Krankheitsbild äußerst bedenklich ist. Es besteht die Gefahr, daß auf diese Weise diagnostizierte Personen in der weiteren Beurteilung und Behandlung endgültig festgelegt werden.

Hier klingt zugleich das Problem an, welche Bedeutung ein diagnostisches Kategoriensystem in Hinblick auf eine sich anschließende Behandlung hat.

Grobklassifikationsschema,
vorgenommen nach Angaben von H. Ginott (1966)

	TRENNUNG VON DER MUTTER	KONTAKT ZUM THERAPEUTEN	SPRACHE	UMGANG MIT SPIEL- MATERIAL
NORMAL	schnell nach Zusicherung, sie bald wieder- zusehen; erzählt ihr später von eigenen Spiel- erlebnissen;	zeigt Interesse am Th.; schließt Th. in Gespräche ein; geht auf seine Impulse ein;	liebt Wort- spielereien u. -neubildungen; plaudert unbefangen;	nutzt es sinn- gemäß aus; hat Freude an den Funktionen; experimentiert; kreativ; teilt es mit anderen;
UNANGEPASST 1. zurückgeblieben	will nicht von der Mutter fort; weint; tobt; will nicht allein gelassen werden;	versucht, sich beim Th. beliebt zu machen;	nörgelt;	kaum eigene Impulse; wenig Spielfreude; vorsichtig;
2. neurotisch		fordert Th. heraus; greift Th. an;	kommandiert herum; schreit; beleidigt andere;	bevorzugt Angriffswaffen; hortet und teilt nicht mit anderen;
HIRNGESCHÄDIGT		reagiert auf An- regungen des Th. kurz, dann gleich- gültig;	zeigt Sprach- störungen (Aphasien); Perseverationen; Echolalien; nur teilweise mit- teilungsfähig;	zwanghaft empfänglich für alle Reiz- angebote; benötigt viel Material; kann nicht auswählen; perseveriert beim Spielen; zerrissene Spielaktivitäten;
GEISTESSCHWACH		hat Kontakt zum Th.; reagiert auf die Impulse des Th. mit Ansprüchen;	spricht klein- kindhaft;	erkennt nicht die Funktionen; wendet es nicht sinngemäß an; nicht kreativ; lernt nicht dazu;
PSYCHOTISCH	1. reagiert gleich- gültig, folgt jedem; 2. panische Trennungs- angst;	behandelt Th. wie alle Erwachsenen gleich; wie eine Sache; durch Th. nicht ansprechbar; verlangt Unver- änderlichkeit; ignoriert Impulse;	zeigt Sprach- störungen; hat kein Mitteilungs- bedürfnis; oft papageienhaftes Wiederholen;	stereotype Be- schäftigungen; beharrt auf Gleichförmigkeit;

26

AGGRESSIONS-ÄUSSERUNGEN	REAKTION AUF FRUSTRATION	MOTORIK	EMOTIONALITÄT
kann sich auch aggressiv äußern; meist im Spiel oder durch das Spiel symbolisiert;	kann sich verteidigen; nimmt Grenzen hin; kann sich auf Ersatz umstellen;	lebhaft; klettert gern; Freude an Höhegefühl;	innere Sicherheit; weder ängstlich noch bedrückt; äußert seine Gefühlsskala unmittelbar; bekennt sich auch zu negativen Gefühlen;
(keinerlei Aggressionen);	übermäßig gehemmt; verschüchtert; fragt lieber um Erlaubnis;	gedämpft; still;	ängstlich; mit sich unzufrieden; traumverloren; um sich besorgt;
übermäßig aggressiv; (körperlich u. verbal); Hang zum Sadismus;	reagiert mit Aggressionen; Grenzen werden nicht akzeptiert;	sehr lebhaft;	bekennt sich nicht zu seinen Gefühlen;
Neigung zu körperlichen Angriffen; Kontaktsuche durch Aggressionen;	unangepaßte, zu intensive, übertriebene Reaktionen (z. B. Zerstörungswut);	hyperaktiv; sehr geringe motorische Steuerung; (zielunsicher; koordinierungsunfähig, raumlabil); seiner Überaktivität hilflos ausgeliefert;	exzessive Gefühlsäußerungen; plötzliche Stimmungswechsel; anfallsartiges Weinen; Angst äußert sich in lautem Geschrei;
(verhält sich wie ein wesentlich jüngeres Kind)			sucht Geborgenheit;
ungesteuerte Ausfälle;	abwegige Reaktionen; unmoduliertes, „tierhaftes" Schreien; nicht ansprechbar; nicht zu beruhigen; gegen Schmerzen unempfindlich;	stereotype Handlungen (einfache Tätigkeiten wie Perlen aufreihen und Klötze nebeneinander stellen);	selbstisoliert; zeigt mitunter sehr gegensätzliche Affekte, meist jedoch keine emotionalen Regungen; ausdruckslos; starkes Interesse an eig. Körperfunktionen;

27

Die Diagnose und die Behandlung waren lange Zeit hindurch eigenständige Bereiche und nur in sehr geringem Maß aufeinander abgestimmt. Dagegen hat man im Bereich der Spieltherapie schon seit langem eine enge Verzahnung zwischen Diagnostik und Therapie praktiziert.

»In Wirklichkeit kann man keine Spieltherapie treiben, ohne gleichzeitig diagnostische Beobachtungen zu machen, und jede diagnostische Spielbeobachtung kann auf das Kind therapeutische Wirkung haben, weshalb sich keine scharfe Grenze zwischen diesen beiden Gebieten ziehen läßt« (HARDING, 1972, S. 41).

Hieraus ergibt sich die Forderung, Spieldiagnostik und Spieltherapie funktional aufeinander zu beziehen. Das heißt, bestimmte diagnostische Schlüsse müssen zu bestimmten Behandlungsansätzen führen, und die Durchführung der Behandlung muß anhand diagnostischer Daten kontrolliert werden.

Eine Möglichkeit, Spielbeobachtungen mit der Gruppenspieltherapie in Verbindung zu bringen, schlägt GINOTT vor: Nach seinen diagnostischen Schlüssen, die im obigen Schema zusammengefaßt sind, stellt er seine Spielgruppen zusammen.

Die Kontrolle der Behandlung selbst könnte durch wiederholte Spielbeobachtungen während der Therapie durchgeführt werden.

2.4. *Kindertherapeutische Verfahren*

Über die Arbeit von Kinderpsychotherapeuten sind Nicht-Fachleute kaum informiert, wie wohl allgemein wenig über psychologisches Handeln. Ziel des folgenden Kapitels soll daher sein, einige Konzepte zu beschreiben und damit eine Vorstrukturierung der kindertherapeutischen Arbeit in möglichst prägnanter Weise zu ermöglichen.

28

Das folgende, sehr vereinfachende Schema könnte zunächst eine logische Platzanweisung verschiedener Formen von Kinderpsychotherapie erlauben:

	Nicht-direktive Therapien	Psychoanalytische Therapien	Verhaltenstherapien
Erwachsene			
Kinder			

Bevor eine ausführlichere Darstellung des *nicht-direktiven* Ansatzes bei Kindern und Erwachsenen in Kapitel 3 erfolgt, sollen in knapper Form andere Zugänge kindertherapeutischer Arbeit angesprochen werden. Allerdings würde es weit über unseren Rahmen hinausführen, wollten wir auch nur eine grobe Übersicht über Grundlagen, Tendenzen und Autoren dieses Bereiches geben. Interessierte Leser seien auf das *Handbuch der Kinderpsychotherapie* (BIERMANN, 1969) verwiesen.

Psychoanalytische Therapien

Kinderpsychiatrie und Kinderpsychotherapie gibt es im eigentlichen Sinne erst seit dem Beginn des 20. Jahrhunderts. Diese Leerstelle in der Behandlung von Persönlichkeitsstörungen wurde zuerst durch Psychoanalytiker ausgefüllt und blieb dann auch deren Domäne bis in die dreißiger Jahre.

Der Psychotherapie im psychoanalytischen Sinn liegt FREUDS Persönlichkeitsmodell zugrunde. Man kann es grob auf zwei Grunddimensionen reduzieren:

1. Dimension: Es - Ich - Über-Ich (Aufbau der Person)
2. Dimension: oral - anal - phallisch - latent - sexuell (Phasenlehre)

Beide Dimensionen sind so zu denken, daß sich das Verhalten eines jeden Menschen (im weitesten Sinne) auf ihnen beschrei-

29

ben läßt. Das Modell ist jedoch nicht nur ein beschreibendes, sondern auch ein normatives, d. h. aufgrund bestimmter Beobachtungen und Erwägungen von FREUD läßt sich auf den Dimensionen die Soll-Lage für ein Individuum angeben. So ist etwa ein psychohygienisch gesunder Erwachsener dadurch gekennzeichnet, daß er ein angemessenes Über-Ich, Ich und Es besitzt und seine Triebenergien in die richtigen Bahnen zu lenken gelernt hat.

Weicht die so definierte Soll-Lage stark von der Ist-Lage ab, wäre eine Psychotherapie indiziert. Psychotherapie besteht prinzipiell aus drei Phasen:

Erste Phase: Herstellen eines Arbeitsbündnisses zwischen Klient und Therapeut; diagnostische und biographische Erhebungen

Zweite Phase: (= Arbeitsphase) Studium der Symptome, Deuten der Symptome, Durcharbeiten der Konflikte, Generalisieren auf andere Bereiche

Dritte Phase: Nachbehandlung

Die minimalen inhaltlichen Konzepte einer Analyse sind

1. *Übertragung* (positiver oder negativer Art auf den Therapeuten, d. h. Aufbau einer Beziehung des Klienten zum Therapeuten, die in Zusammenhang zu anderen Bezugspersonen des Klienten steht).

2. *Widerstand* (seitens des Klienten gegen die Deutungen des Therapeuten beim Durcharbeiten des Konfliktes).

Methoden, die auf seiten des Klienten zum Tragen kommen, sind Explorationsgespräche, freie Assoziation und Traumberichte.

FREUD selbst hatte begonnen, die von ihm gefundenen Prinzipien in der Analyse des kleinen Hans auf die Kindertherapie zu übertragen. Offenbar kam er mit den drei oben genannten

30

Methoden nicht ans Ziel und führte als neues Medium das Spielen ein, so daß der kleine Hans Spielzeugpferd und Puppe in seine Phantasien einbauen konnte. Nach FREUDS Meinung war es also unumgänglich, dieses Medium bei der Kinderbehandlung einzuführen. Andererseits erschwerte es psychoanalytische Deutungen, weil die vielgestaltige Symbolhaltigkeit die grundlegenden Vorgänge sehr schwer durchschaubar machte.

FREUDS Ansätze zur Kinderpsychotherapie wurden in der Folge von Freudianern und Neo-Freudianern um viele Gedanken bereichert; die Modifikationen betrafen jedoch nur Teilaspekte der Theorie und der Methode. Das zugrunde liegende Persönlichkeitsmodell blieb im wesentlichen unangetastet.

So ist für den Ansatzpunkt von Melanie KLEIN kennzeichnend, daß das Spiel mit ganz anderer Intention und gewissermaßen stellvertretend für die bewährte freie Assoziationsmethode bei Erwachsenen eingesetzt wurde. Melanie KLEIN wählte das Spielmaterial entsprechend dem Aufforderungsgehalt zu Phantasieproduktionen und der Symbolträchtigkeit aus. Sie sah die Hauptaufgaben des Analytikers darin, sich direkt in das Spiel einzuschalten, Spielsymbole zu deuten, die Reaktionen des Kindes auf die Deutungen zu reflektieren und so das Unbewußte des Kindes bewußt zu machen. Interessanterweise sah sie seine Aufgabe nicht darin, das Kind im herkömmlichen Sinne auch zu erziehen, was sich etwa in der Duldung aggressiver Handlungen des Kindes gegen die Person des Therapeuten zeigte.

Der Ausgangspunkt Anna FREUDS lag dagegen eher in einer Modifizierung der Persönlichkeitstheorie ihres Vaters in Richtung auf die kindliche Psyche. Sie stellte fest, daß das Kind noch kein intaktes Über-Ich besitzt und von daher in der Regel den Weg der direkten Triebbefriedigung bevorzugt. Im Gegensatz zu erwachsenen Klienten habe es deshalb auch noch keinen Leidensdruck, keine kognitive Einsicht in das Krankheitsgeschehen und komme überdies nicht aus eigenem Antrieb zum Analytiker. Ein Teil der Analyse müsse erst einmal darin bestehen, das Kind überhaupt analysierbar zu machen. Zunächst müßte also eine positive Übertragung aufgebaut werden, dann müßten Leidensgefühle erweckt und Heilungsversprechen gegeben werden. Im Mittelpunkt der Therapie steht bei Anna FREUD ein Komplex von Abwehrmechanismen, da — wie sie festgestellt hat — Kinder die Realität zugunsten ihrer Wunschwelt zurückdrängen. Anna FREUD fand, daß Kinder offenbar nicht in der Lage sind, wie Erwachsene Gedanken in Gegenwart des Therapeuten frei zu assoziieren und zu verbalisieren.

Hans ZULLIGER, ein neuerer Exponent der Kinderpsychotherapie, war zunächst ein Anhänger Anna FREUDS, erkannte jedoch, daß das Bewußtmachen des Unbewußten den Heilmechanismus nur selten in Gang brachte. Der Therapeut hat wohl die Aufgabe, für sich das Geschehen zu deuten, um herauszufinden, in welcher Schicht des Denkens (nach ZULLIGER: prälogisch, animistisch, anthropomorphisierend, magisch, totemistisch) sich das Kind bewegt. Für ZULLIGER wird das Kind durch das Spiel selbst geheilt; der Therapeut greift immer dann ein, wenn er eine Möglichkeit sieht, das Spiel des Kindes aktiv voranzutreiben und weiterzuentwickeln. Dazu muß er das Spielgeschehen in der vom Kind perzipierten Weise verstanden haben, einen in Hinblick auf die Heilung effektiven Spielverlauf und auch ein reizvolles Spielziel vorhersehen können. Der Therapeut kann also im Sinne von ZULLIGER eigene Impulse geben, Materialien herstellen und die Situation überhaupt so arrangieren und strukturieren, wie er es für richtig hält. Auf diese Weise sollen dem Kind Möglichkeiten gegeben werden, mit Hilfe des Spielangebots und der Spielanregungen emotionale Spannungen abzubauen und soziale Konflikte zu lösen, und zwar in Gemeinschaft mit dem Therapeuten als Spielpartner, und durch eigene Spielaktivitäten, die in zunehmendem Maße konstruktiv werden.

32

ZULLIGER bevorzugte also eine *reine* Spieltherapie ohne Deutungen dem Kind gegenüber, variiert dafür aber in hohem Ausmaß das Angebot von Spielen und Spielpraktiken.

Neben den eben angesprochenen Spieltherapien gibt es andere Ansätze, die Verbindungen zwischen der psychoanalytischen Lehre und pragmatischeren Arbeitsweisen herzustellen suchen (Gestaltungs- und Darstellungstherapien).

Verhaltenstherapien

Die kindertherapeutische Arbeit innerhalb der Verhaltenstherapie geht von anderen Grundannahmen über die Entstehung und Veränderung von psychischen Störungen aus als die psychodynamischen Ansätze der Psychoanalyse.

Verhaltensstörungen werden nicht als Ausdruck zugrunde liegender psychischer Konflikte angesehen. Vielmehr wird angenommen, daß sie, wie jedes andere Verhalten auch, Ergebnis bestimmter Lernprozesse sind.

Die Ergebnisse der modernen Lernpsychologie in Form von Lerngesetzen werden herangezogen, um die Entstehung bestimmter Störungen zu erklären. Daraus werden Methoden abgeleitet, die es ermöglichen, unerwünschte Lernprozesse rückgängig zu machen und ausgebliebene Lernprozesse einzuleiten. Lernen wird allgemein als der Prozeß definiert, der zu systematischen Verhaltensänderungen führt, soweit diese nicht auf spontane organismische Reifung, Sinnesadaptation, Abbau, Verletzung, Erkrankung und Pharmakaeinwirkungen zurückgehen. Es sei vorweggenommen, daß die Gesetzmäßigkeiten des Lernens in der modernen nicht-direktiven Therapie eine wichtige Rolle spielen.

Faktoren, die zu einer Störung geführt haben, müssen nicht unbedingt identisch sein mit solchen, die das gestörte Verhalten in der gegenwärtigen Situation aufrechterhalten. In der Verhaltenstherapie kommt es vor allem darauf an, diese zuletzt genannten Bedingungen zu ermitteln und zu verändern.

33

Im Sinne der Lerntheorie hängt Verhalten, auch gestörtes Verhalten, von zwei Hauptklassen von kontrollierenden Bedingungen ab:

1. von bestimmten Reizen, die ein Verhalten auslösen,
2. von den Konsequenzen und Wirkungen, die ein Verhalten nach sich zieht.

Zum Beispiel werden die Tischmanieren eines Kindes bestimmt durch die Aufforderung der Mutter »Sitz gerade!« und die nachfolgende Äußerung »So ist es fein!«.

Je nach der Situation treten solche Reize für ein auszulösendes Verhalten und Verhaltenskonsequenzen mit einer bestimmten Häufigkeit auf. Damit wird auch die Wahrscheinlichkeit des Auftretens für ein bestimmtes Verhalten in der Folgezeit erhöht.

Die Verhaltenstherapie macht sich diesen funktionellen Zusammenhang zunutze, indem sie über systematische Beeinflussung der steuernden Bedingungen Verhalten in günstiger Weise zu verändern sucht.

Verhaltensmodifikation betrifft einerseits den Aufbau von Verhaltensweisen, die nicht häufig genug auftreten, d. h. in ausreichender Form gelernt wurden (etwa die geringe Beteiligung eines Kindes am Schulunterricht); andererseits geht es um den Abbau von Verhaltensweisen, die zu häufig auftreten (etwa störendes Verhalten eines Kindes im Unterricht). Ohne sie näher zu erläutern, sollen die wichtigsten Methoden der Verhaltenstherapie genannt werden.

Zum *Aufbau* von Verhaltensweisen werden verwendet:
Modell-Lernen
Operantes Konditionieren
Selbstbehauptungstraining

34

Zu den *Abbau*-Techniken gehören:
  Aversionstherapie
  Extinktionsverfahren
  Negative Übung
  Systematische Desensitivierung

Zur genaueren Information sind die einschlägigen einführenden Werke, etwa von EYSENCK, BLÖSCHL und WOLPE zu empfehlen.

Die meisten dieser Methoden werden auch erfolgreich bei der Behandlung von Kindern angewendet. Allerdings gibt es in der verhaltenstherapeutischen Arbeit mit Kindern bisher noch relativ wenig fundierte Erfahrungen (s. KUHLEN, 1972; BELSCHNER et. al., 1973). Die Einbeziehung von Bezugspersonen (Eltern und Erzieher) spielt hier insofern eine besondere Rolle, als durch deren gezielten Einsatz noch effektivere Verhaltensänderungen bewirkt werden können.

3. Traditionelles theoretisches Gerüst des nicht-direktiven Vorgehens

3.1. *Das Ausgangsmodell von* CARL R. ROGERS

Bevor die Grundprinzipien der nicht-direktiven Kinderspieltherapie aufgezeichnet werden, müssen wir uns zunächst mit dem Ausgangsmodell von CARL R. ROGERS beschäftigen.

Er hat seine theoretischen Annahmen zunächst in Form allgemeiner Begründungen des therapeutischen Vorgehens in *Counseling and Psychotherapy*[1] (1942), später in der *Client-centered Therapy*[2] (1951) in neunzehn Thesen vorgelegt. Schließlich hat er ein vollständiges Modell vorgestellt, das 1959 erschienen ist (in: KOCH, 1959).

Im folgenden wird versucht, das Theoriengebäude in seinen Grundzügen darzustellen.

Therapeutisches Geschehen muß man sich denken auf dem Hintergrund von Persönlichkeitstheorien, Therapiekonzepten und Therapiezielen:

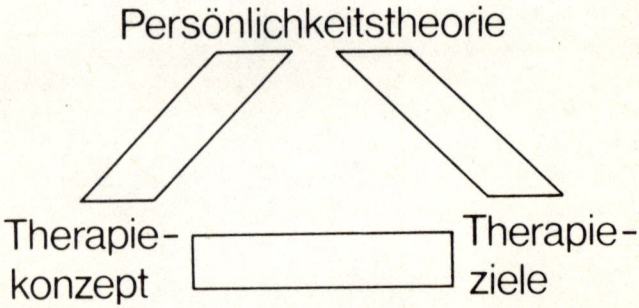

Abb. 2: Die Beziehung zwischen Persönlichkeitstheorie, Therapiekonzept und Therapiezielen

[1] C. R. ROGERS, *Die nicht-direktive Beratung*, Kindler Verlag, München 1972
[2] C. R. ROGERS, *Die klient-bezogene Gesprächstherapie*, Kindler Verlag, München 1973

36

Man könnte sich nun vorstellen, daß man aus einer Persönlichkeitstheorie Therapieziele und Therapiekonzepte ableitet, wie auch umgekehrt. ROGERS ist folgenden Weg gegangen: In der Entwicklung seiner Vorstellungen stand am Beginn der therapeutische Prozeß selbst. Aus den hier gewonnenen Erfahrungen entwickelte er seine Persönlichkeitstheorie.

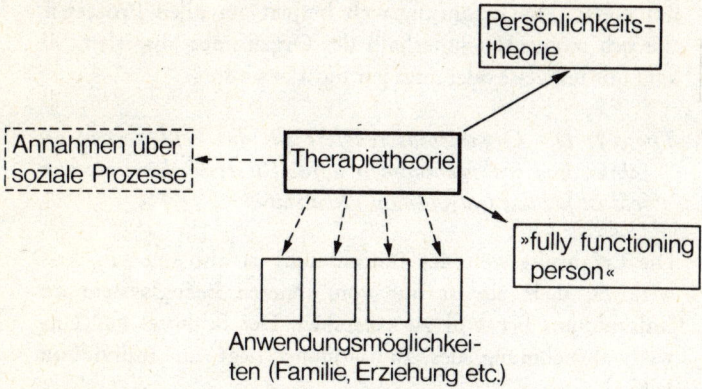

Abb. 3: Die Entwicklung des Theoriengebäudes von ROGERS

Die Therapieziele stellte er in der Beschreibung einer »fully functioning person« dar. Wie aus dem Schema hervorgeht, versuchte er, weitere Anwendungsmöglichkeiten des Therapiekonzeptes für andere Lebensbereiche und eine Theorie über interpersonale Beziehungen zu integrieren. Wenden wir uns nun zunächst seiner Persönlichkeitstheorie, dann seinem therapeutischen Konzept und schließlich seinen Therapiezielen zu.

3.1.1. ROGERS' Grundannahmen über den Aufbau des Individuums

These 1:* Jedes Individuum existiert in einer ständig sich ändernden Welt der Erfahrung, deren Mittelpunkt es ist.

Jedes Individuum ist also laufend einem Informationszufluß ausgesetzt. Die Erfahrungswelt besteht aus allen Prozessen, die sich momentan innerhalb des Organismus abspielen. Sie sind nur teilweise oder auch gar nicht bewußt.

These 2: Der Organismus reagiert auf das Feld, wie es erfahren und wahrgenommen wird. Dieses Wahrnehmungsfeld ist für das Individuum »Realität«.

Die Erfahrungswelt des Individuums ist also nur subjektiv wirklich, d. h. sie ist nur vom inneren Bezugssystem des Individuums her voll zu verstehen. Der Schlüssel zur Umweltwahrnehmung des Individuums liegt im Individuum selbst.

These 3: Der Organismus reagiert auf das Wahrnehmungsfeld als ein organisiertes Ganzes.

Hier wird die Anschauung abgelehnt, daß sich die Umwelt-Organismus-Verbindung in eine Kette aus einfachen Reiz-Reaktionsverbindungen zerlegen läßt. Der Organismus antwortet vielmehr ganzheitlich, außerdem total, organisiert und zielgerichtet.

These 4: Der Organismus hat eine grundlegende Tendenz, den Erfahrungen machenden Organismus zu aktualisieren, zu erhalten und zu erhöhen.

Der Organismus als Ganzes zeigt also das Streben, sein

---

* Thesen aus: Carl R. ROGERS, Die klient-bezogene Gesprächstherapie, Kindler 1973

38

Fortbestehen zu sichern und sich selbst zu verwirklichen. Dazu gehört auch eine zunehmende Selbständigkeit, d. h. Unabhängigkeit von äußerer Kontrolle.

Dieses Streben ist das einzige grundlegende Motiv, das ROGERS für alle Lebewesen annimmt. Dieses Postulat wird bei der Formulierung des Therapieziels deshalb von entscheidender Bedeutung sein.

These 5: Verhalten ist grundsätzlich der zielgerichtete Versuch des Organismus, seine Bedürfnisse, wie sie in dem so wahrgenommenen Feld erfahren wurden, zu befriedigen.

Verhalten richtet sich also ganz auf die Bedürfnisbefriedigung in dem Sinne, daß alle dafür effektiven Erfahrungen aufgesucht und ineffektiven gemieden werden. Diese Bedürfnisse, so betont ROGERS, treten zunächst als physiologische Spannungen auf und geben dem Verhalten des Organismus schließlich erst eine Richtung. Motivationszustände sind also immer auf die Gegenwart bezogen.

Die Beziehung des Individuums zu seiner Umwelt stellt also einen ständigen Austauschprozeß dar zwischen einem vorgegebenen Motivationssystem und einem wertenden, über Rückkoppelungen gesteuerten Regulationssystem.

These 6: Dieses zielgerichtete Verhalten wird begleitet und im allgemeinen gefördert durch Emotion. Eine Emotion, die in Beziehung steht zu dem Suchen aller vollziehenden Aspekte des Verhaltens, und die Intensität der Emotion steht in Beziehung zu der wahrgenommenen Bedeutung des Verhaltens für die Erhaltung und Erhöhung des Organismus.

ROGERS kommt hier auf den für die Therapie entscheidenden Aspekt der Gefühle des Individuums zu sprechen.

39

Gefühle begleiten den Austauschprozeß zwischen Organismus und Umwelt. Sie variieren nach Art und Intensität (angenehm — unangenehm, beruhigend — erregend). Je bedeutsamer ein Verhalten für die Befriedigung von Bedürfnissen ist, desto stärker werden die das Verhalten begleitenden Emotionen sein. ROGERS sieht also in Gefühlen Erfahrungen, in denen emotionale und kognitive Elemente eine Einheit bilden.

These 7: Der beste Ausgangspunkt zum Verständnis des Verhaltens ist das innere Bezugssystem des Individuums selbst.

Wie in der zweiten These bereits anklang, spricht sich ROGERS dafür aus, das Individuum von seinem eigenen Bezugssystem her zu verstehen, also in der Weise, wie es selbst die Welt wahrnimmt. Damit wendet er sich gegen andere Ansätze, Individuen aufgrund eines von außen herangetragenen Persönlichkeitssystems zu beurteilen, wie es etwa durch FREUDS Strukturmodell nahegelegt wird. Die Methoden, das innere Bezugssystem kennenzulernen, sind verbale Kommunikationen und Verhaltensbeobachtungen.

These 8: Ein Teil des gesamten Wahrnehmungsfeldes entwickelt sich nach und nach zum Selbst.

Entwicklungspsychologisch findet also ein allmählicher Differenzierungsprozeß des Erfahrungsfeldes statt, und das Selbst reift so durch die Erkenntnis der eigenen Welt heran.

These 9: Als Resultat der Interaktion mit der Umgebung und insbesondere als Resultat wertbestimmender Interaktionen mit anderen wird die Struktur des Selbst geformt — eine organisierte, fließende, aber durchweg begriffliche Struktur von Wahrnehmungen, von Charakte-

40

ristika und Beziehungen des ›Selbst‹ zusammen mit den zu diesen Konzepten gehörenden Werte.

These 10: Die den Erfahrungen zugehörigen Werte und die Werte, die einen Teil der Selbst-Struktur sind, sind in manchen Fällen Werte, die vom Organismus direkt erfahren werden, und in anderen Fällen Werte, die von anderen introjiziert oder übernommen, aber in verzerrter Form wahrgenommen werden, so als wären sie direkt erfahren worden.

Die Struktur des Selbst beruht demnach auf Erfahrungen, die das Individuum im Umgang mit seiner Umwelt während der ersten Lebensjahre macht. Das Individuum lernt dabei, daß bestimmte Erfahrungen für das Selbst wichtig sind. Positive Erfahrungen sind das Selbst erhöhende Erfahrungen (s. These 6). Negative Erfahrungen sind solche, die das Selbst nicht stabilisieren, sondern einschränken oder gar bedrohen. Ein zusätzlicher Aspekt ist dabei die Wertung durch andere. Dabei können etwa elterliche Einstellungen erfahren und schließlich in der Weise introjiziert werden, daß sie später als eigene, das Selbst betreffende Erfahrungen erlebt werden. So nimmt das Individuum unterschiedliche Wertschätzungen seines Selbst wahr, wodurch schließlich ein System von Wertbedingungen erworben wird. Je mehr das Individuum diese fremden Wertmaßstäbe aufgebaut hat und die Bewertung des Selbst danach ausrichtet, um so weniger richtet es sich nach eigenen organismischen Erfahrungen. Dies kann dazu führen, daß bestimmte Erfahrungen nicht mehr bewußt oder nur in verzerrter Form wahrgenommen werden. Diesen Vorgang sieht ROGERS als eine mögliche Ursache für eine beginnende Fehlentwicklung an. Die Selbst-Struktur besteht also aus Wahrnehmungen, die in Übereinstimmung mit den Wertbedingungen stehen und so für das Bewußtsein zulässig sind.

These 11: Wenn Erfahrungen im Leben des Individuums auftreten, werden sie entweder a) symbolisiert, wahrgenommen und in eine Beziehung zum Selbst organisiert, b) ignoriert, weil es keine wahrgenommene Beziehung zur Selbst-Struktur gibt, oder c) verleugnet oder verzerrt symbolisiert, weil die Erfahrung mit der Struktur des Selbst nicht übereinstimmt.

Es gibt also nach ROGERS drei verschiedene Arten von Erfahrungen:

1. Solche Erfahrungen, die mit der Selbst-Struktur in Einklang stehen und das Selbst erhöhen können; sie werden symbolisiert, d. h. bewußt in das Selbst integriert.
2. Erfahrungen, die ignoriert werden, weil sie nicht in Übereinstimmung mit der Selbst-Struktur stehen und deshalb nicht symbolisiert werden.
3. Schließlich gibt es Erfahrungen, die zum bestehenden Selbst-Konzept im Widerspruch stehen, aber trotzdem in verzerrter Form (geleugnet, verdrängt) symbolisiert werden können. ROGERS kommt dabei ohne die Annahme von Schuldgefühlen aus, die in der Psychoanalyse postuliert werden; eine Widersprüchlichkeit zum bestehenden Selbst-Konzept reicht für ihn als Erklärung aus.

These 12: Die vom Organismus angenommenen Verhaltensweisen sind meistens die, die mit dem Konzept vom Selbst übereinstimmen.

Bedürfnisbefriedigungen des Organismus stimmen also in der Regel mit dem Konzept des Selbst überein. Wenn ein organismisches Bedürfnis besteht, das mit diesem nicht in Übereinstimmung steht, werden Möglichkeiten gesucht, sich so zu verhalten, daß Selbstkongruenz hergestellt wird, etwa durch neurotische Verhaltensweisen: Bedürfnisse werden vom Bewußtsein nicht akzeptiert und werden auf eine andere Weise befriedigt, die noch mit dem Selbst in Einklang steht.

3.1.2. Der Prozeß der Fehlanpassung und das therapeutische Konzept

These 13: Verhalten kann in manchen Fällen durch organische Bedürfnisse und Erfahrungen verursacht werden, die nicht symbolisiert wurden. Solches Verhalten kann im Widerspruch zur Struktur des Selbst stehen, aber in diesen Fällen ist das Verhalten dem Individuum nicht »zu eigen«.

These 14: Psychische Fehlanpassung liegt vor, wenn der Organismus vor dem Bewußtsein wichtige Körper- und Sinneserfahrungen leugnet, die demzufolge nicht symbolisiert und in die Gestalt der Selbst-Struktur organisiert werden. Wenn diese Situation vorliegt, gibt es eine grundlegende oder potentielle psychische Spannung.

Psychische Störungen können demnach resultieren, wenn ein Widerspruch zwischen dem ständig neue Erfahrungen sammelnden Organismus einerseits und dem gerade diese Erfahrungen leugnenden Selbst andererseits vorliegt. Daraus resultiert, daß bestimmte Bedürfnisse gar nicht zur Kenntnis genommen werden, die jedoch auf eine Befriedigung drängen.

Dieser Zustand der Nichtkongruenz führt zu dem Erlebnis psychischer Spannung. ROGERS führt als Beispiel einen Klienten mit aggressiven Neigungen an, die jedoch nicht zugegeben und deshalb nicht im Selbst symbolisiert werden.

These 15: Psychische Anpassung besteht, wenn das Selbst-Konzept dergestalt ist, daß alle Körper- und Sinneserfahrungen des Organismus auf einer symbolischen Ebene in einer übereinstimmenden Beziehung mit dem Konzept vom Selbst assimiliert werden oder assimiliert werden können.

Aus diesem Postulat geht bereits das allgemeine Therapieziel hervor: ein spannungsfreies, angepaßtes Individuum.
Innerhalb des Individuums besteht dann eine Übereinstimmung zwischen dem Selbst-Konzept einerseits und den Erfahrungen des Organismus andererseits.

ROGERS vermutet, daß mit dem Abnehmen psychischer
Spannung mehr Möglichkeiten zur bewußten Selbstkontrolle
gegeben sind, so daß mehr Erfahrungen akzeptiert werden
können. Er bezeichnet mit Anpassung also eine Anpassung
an sich selbst und nicht an gesellschaftliche Normen.

*These 16: Jede Erfahrung, die nicht mit der Organisation
oder der Struktur des Selbst übereinstimmt, kann als Bedrohung wahrgenommen werden, und je häufiger diese
Wahrnehmungen sind, desto starrer wird die Selbst-
Struktur organisiert, um sich zu erhalten.*

Bedrohung und Abwehr werden wie folgt charakterisiert:
Nicht-Übereinstimmung mit den Erfahrungen des Selbst,
begleitende Angstgefühle, defensive Verhaltenstendenzen,
Verleugnung und Verzerrung der Wahrnehmungen und im
weiteren Verlauf eine gesteigerte Sensibilität für bedrohliche
Reize. Je mehr Erfahrungen auftreten, die mit dem Selbst-
Konzept nicht vereinbar sind, desto stärker wird das Erlebnis
der Bedrohung. Die Struktur des Selbst wird starrer. Um sich
zu behaupten, nimmt die Zahl der Abwehrmechanismen zu,
und damit die psychische Spannung. ROGERS rechnet zu den
Abwehrmechanismen sowohl neurotische Formen (Rationali-
sierung, Kompensation, Projektion, Zwänge etc.) als auch
psychotische Formen (z. B. paranoides Verhalten). Diese Ab-
wehrvorgänge können nur schwer abgebaut werden, weil sie
eine momentane Sicherheit (»Krankheitsgewinn«) vermitteln.
Daraus wird dann ersichtlich, daß objektiv richtige Informationen, die einem Klienten gegeben werden, nicht nur zu
keinen konstruktiven Änderungen führen, sondern ganz im

Gegenteil Einstellungen zum Selbst sogar verfestigen können.

Zu einem Zusammenbruch des Selbst kann es kommen, wenn ein Erlebnis dem Individuum seinen Zustand seiner Nichtkongruenz plötzlich offenbart und das Individuum dieses Erlebnis nicht mehr abwehren kann.

These 17: Unter bestimmten Bedingungen, zu denen in erster Linie ein völliges Fehlen jedweder Bedrohung für die Selbst-Struktur gehört, können Erfahrungen, die nicht mit ihr übereinstimmen, wahrgenommen und überprüft und die Struktur des Selbst revidiert werden, um derartige Erfahrungen zu assimilieren und einzuschließen.

Demnach besteht die Neuorganisation des Selbst darin, daß unter bestimmten Umständen bisher unverarbeitete Erfahrungen allmählich assimiliert werden können.

Diese Umstände werden vornehmlich in einer Therapie realisiert, mitunter auch in anderen Situationen:

1. Eine mit sich selbst kongruente Person vermittelt ein grundsätzliches und an keine Bedingungen geknüpftes akzeptierendes Verhalten. Sie versucht, das innere Bezugssystem des Gegenübers einfühlend zu verstehen und verbal zum Ausdruck zu bringen.

2. Eine mit sich selbst nicht kongruente Person erfährt dieses einfühlende Verständnis und die unbedingte positive Wertschätzung; dadurch gelingt es ihr, in einer immer weitergehenden Selbstexploration seine Gefühle auszudrücken und die eigenen bisher nicht integrierten Erfahrungen zu akzeptieren. Durch diese stärkere Assimilierung von Erfahrungen in das Selbst-Konzept wird eine Reorganisation des Selbst und damit eine größere Kongruenz ermöglicht.

3.1.3. Therapieziele

These 18: Wenn das Individuum all seine Körper- und Sinneserfahrungen wahr- und in ein konsistentes und integriertes System aufnimmt, dann hat es notwendigerweise mehr Verständnis für andere und verhält sich gegenüber anderen als Individuen akzeptierender.

These 19: Wenn das Individuum mehr von seinen organischen Erfahrungen in seiner Selbst-Struktur wahrnimmt und akzeptiert, merkt es, daß es sein gegenwärtiges Wertsystem, das weitgehend auf verzerrt-symbolisierten Introjektionen beruhte, durch einen fortlaufenden, organismischen Wertungsprozeß ersetzt.

Nach einer erfolgreichen Therapie sollten Selbst-Struktur und Organismus-Erfahrungen besser übereinstimmen.

Dies kann dadurch geschehen, daß zuvor verleugnete Erfahrungen bewußt in das Selbstbild organisiert und integriert werden. Im Laufe der Therapie lernt der Klient, zu neuen Wahrnehmungen, zu neuen Einstellungen und zu einem neuen Wertsystem zu kommen. ROGERS beantwortet die Frage, was an die Stelle des alten Wertsystems tritt, damit, daß »die größten Werte für die Erhöhung des Organismus entstehen, wenn alle Erfahrungen und alle Einstellungen der bewußten Symbolisierung zugänglich gemacht werden und wenn Verhalten zu einer bedeutungsvollen und ausgeglichenen Befriedigung *aller* Bedürfnisse wird ...« (1972, S. 451).

Jedes Individuum ist also fähig, seine Konflikte selbst zu lösen. Es benötigt dazu keine von der Außenwelt introjizierten Wertmaßstäbe. Sein eigenes Selbst verhilft ihm zu einem neuen, stabilen Wertsystem.

Daneben ist es auch imstande, in Zukunft effektivere soziale Beziehungen aufzubauen; denn es kann nun das Selbst

46

anderer Personen besser akzeptieren. ROGERS glaubt, daß diesem Prinzip gemäß bessere Beziehungen in Klein-, Großgruppen und Nationen denkbar sind, denn: »Wenn kein Bedürfnis zur Abwehr mehr vorliegt, gibt es auch kein Bedürfnis mehr anzugreifen« (1972, S. 448).

Das folgende Schema verdeutlicht noch einmal das Therapieziel der klient-zentrierten Psychotherapie:

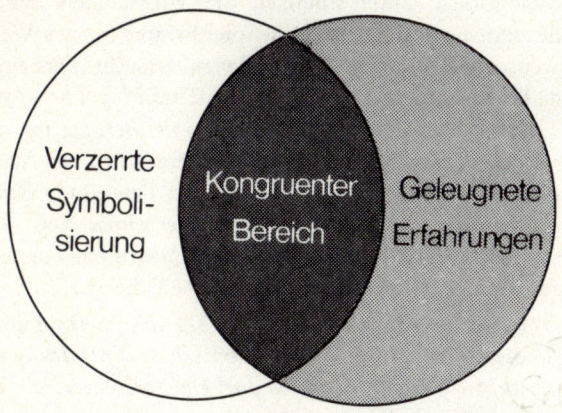

Abb. 4: Die Struktur der Persönlichkeit nach ROGERS (1951)

Das Schema zeigt, daß es darauf ankommt, Selbst-Struktur und Erfahrungen möglichst zur Deckung zu bringen. Beide Kreise werden deshalb nie völlig zur Deckung kommen können, weil eine völlige Übereinstimmung zwischen Selbst und Erfahrung nie erreicht werden kann.

Ein Individuum, das diesem Idealzustand möglichst nahekommt, wird von ROGERS als »fully functioning person« bezeichnet. Es wird geringe psychische Spannung bei sich erleben, gegen äußere Bedrohungen immun und zu leichter Anpassung fähig sein. Es sollte Selbstkontrolle realisieren können und ein Maximum an Verständnis anderen gegenüber zeigen können.

47

3.2. Die Grundprinzipien der Kindertherapie nach VIRGINIA M. AXLINE

VIRGINIA M. AXLINE hat versucht, das von ROGERS entwickelte Konzept auf die Kinderpsychotherapie zu übertragen.

Als seine ehemalige Mitarbeiterin hat sie in einfachen psychologischen Untersuchungen die Wirksamkeit der Methode zu demonstrieren und die Spieltherapie in zwei Werken theoretisch wie praktisch zu fundieren versucht. Das einführende Werk erschien 1947 unter dem Titel *Play Therapy* und ist 1972 auch in deutsch als *Kinder-Spieltherapie im nicht-direktiven Verfahren*[1] erschienen. Diese deutsche Ausgabe hatte bereits 1956 einen Vorgänger in dem Buch *Kinderpsychotherapie in nicht-direktivem Verfahren* von Annemarie und Reinhard TAUSCH, die im wesentlichen eine Übertragung von AXLINES Darstellung ins Deutsche war.

1971 erschien von AXLINE *Dibs in Search of Self*, in deutsch unter dem Titel *Dibs — Die wunderbare Entfaltung eines menschlichen Wesens*[2] — der Report einer erfolgreichen Spieltherapie mit einem Kind namens Dibs.

Die Spieltherapie, wie sie AXLINE versteht, ist eine konsequente Anwendung der Persönlichkeitstheorie, des Therapiekonzeptes und der Therapieziele von ROGERS. Den Kern dieses Spieltherapiekonzepts bilden acht Grundprinzipien (s. AXLINE, 1972).

Im folgenden werden nun diese acht Grundprinzipien vorgestellt, kommentiert und gegebenenfalls mit Anmerkungen von TAUSCH (1956) versehen. Zur Veranschaulichung sind einige Beispiele angeführt. Diese können selbstverständlich nur teilweise die jeweilige Therapeutenvariable darstellen.

---

[1] Reinhardt Verlag, München 1972
[2] Scherz Verlag, München 1970

48

1. Prinzip: *Der Therapeut sollte eine warme freundliche Beziehung zum Kind aufnehmen, die so bald wie möglich zu einem guten Kontakt führt.*

Mit dem Aufbau eines freundlichen Beziehungsverhältnisses steht und fällt eine Therapie, so schreibt AXLINE. Besonders beim Initialkontakt muß es dem Therapeuten gelingen, durch Mimik, Gestik und Verbalverhalten eine Beziehung ohne überbehütende Zuwendung, jedoch bei voller Annahme des Kindes aufzunehmen.

Eine freundliche Beziehung dürfte im Kontakt mit sehr schwierigen Kindern und überhaupt beim ersten Kontakt schwer aufrechterhalten zu sein. Problematische Situationen ergeben sich etwa, wenn sich das Kind nicht von der Mutter trennen und das Spielzimmer nicht betreten will.

Beispiel:

Kind: (klammert sich ängstlich an die Mutter)
Therapeut: »Wir müssen jetzt aber anfangen.«
Mutter: »Kannst du nicht hören?«
Kind: (weinerlich) »Ich will aber nicht!«
Therapeut: »Du bist doch schon ein großer Junge!«

Es ist hier ersichtlich, daß die Beziehung Kind — Therapeut nicht sehr freundlich ist und vermutlich auch nicht sehr bald zu einem guten Kontakt führen wird.

In diesem Fall müßte der Therapeut versuchen, sich trotz des kindlichen Widerstandes freundlich-akzeptierend zu verhalten:

Therapeut: »Du kannst dich gar nicht von deiner Mutti trennen und ins Spielzimmer kommen.«

Im Sinne von ROGERS ist eine warme, freundliche Beziehung des Therapeuten zum Kind insofern notwendig, als diese eine

49

Vorbedingung für neue Erfahrungen des Kindes in der Therapie darstellt.

2. Prinzip: *Der Therapeut nimmt das Kind ganz so an, wie es ist.*

Dieses zweite Prinzip betrifft das Verhalten und die Einstellung dem Kind gegenüber. Der Therapeut darf konsequenterweise weder loben noch tadeln, sondern reagiert in mehr oder weniger wertfreier Weise auf die Verhaltensweisen des Kindes. In seinem ganzen Verhalten, d. h. auch in seiner Mimik und Gestik, muß die bedingungslose Annahme des Kindes zum Ausdruck kommen.

Die konsequente Anwendung dieses Prinzips dürfte bei sehr »unangepaßten« Kindern besonders schwer fallen.

Aber gerade gestörte Individuen, so betont TAUSCH, erfahren durch die Umwelt häufig eine Mißachtung ihrer Person.

Die Annahme des Kindes, so wie es ist, bedeutet jedoch keinesfalls eine Befürwortung aller Handlungsweisen und Einstellungen des Kindes durch den Therapeuten.

Beispiel (BIXLER, 1949, S. 7):

Kind: »Ich gehe nicht mit dem alten Stinker-Bixler.«
Therapeut: »Du willst nicht das Geringste mit mir zu tun haben, du bist furchtbar wütend auf mich.«

Ein weiteres Beispiel:

Kind: »Letzte Woche haben wir eine Rechenarbeit geschrieben, da habe ich so getan, als ob ich krank bin.«
Therapeut: »Du wolltest die Rechenarbeit nicht mitschreiben, da bist du lieber krank geworden.«

Im Sinne von ROGERS ist die vollständige Annahme des

50

Kindes deshalb notwendig, weil ein eigenes Wertsystem im Kind ohne von außen herangetragene Wertmaßstäbe aufgebaut werden soll.

3. Prinzip: *Der Therapeut gründet seine Beziehung zum Kind auf eine Atmosphäre des Gewährenlassens, so daß das Kind sich frei fühlt, alle seine Gefühle uneingeschränkt auszudrücken.*

Zwei Aspekte klingen an: Einerseits soll das »Klima des Gewährenlassens« bedeuten, daß das Kind sich innerhalb der weit gesteckten Grenzen (s. Prinzip 8) nach eigenem Ermessen verhalten kann; andererseits darf der Therapeut, auch wenn es seiner Meinung nach angebracht wäre, die Therapie in keiner Weise lenken (s. Prinzip 6), weil sich das Kind dadurch u. U. gehindert fühlen könnte, das auszudrücken, was es gerade fühlt.

Der Tendenz, gegen dieses dritte Prinzip zu verstoßen, begegnet man in allen Therapiephasen des »Leerlaufs«, vor allem am Beginn und in Zeitabschnitten, während derer das Kind seinen Therapeuten »austesten« möchte, d. h. überprüfen möchte, inwieweit es dem Therapeuten mit diesem Prinzip wirklich ernst ist.

Der Therapeut sollte jedoch versuchen, auf jeden Fall an diesem Prinzip festzuhalten, weil die Erfahrung, wirklich einmal eigenen Handlungsimpulsen nachgehen zu können, für den Fortgang des Kindes in der Therapie entscheidend wichtig ist. Die Atmosphäre des Gewährenlassens wird als Grundbedingung für das Erlebnis angesehen, mit seinen Problemen selbst fertig zu werden.

Der Therapeut sollte sich immer vor Augen halten, daß es die Stunde des Kindes ist. Die Stunde soll ihm nicht dazu dienen, aufgestellte diagnostische Hypothesen über das Kind zu bestätigen. Deshalb ist es auch nicht angebracht, Testfragen zu stellen oder suggestive Hinweise zu geben.

51

Es ist sicher weniger günstig, einen Kontakt mit den Worten zu beginnen: »Hier kannst du machen, was du willst.«

Eine solche Äußerung würde wahrscheinlich das Kind zu sehr dazu reizen, den Therapeuten und die Situation auszutesten, um schließlich die Erfahrung zu machen, daß diese sich doch nicht wesentlich von anderen Personen und Situationen unterscheiden, in denen das Kind in seinen Handlungsimpulsen beschnitten wurde. Besser wäre, wie AXLINE vorschlägt, vielleicht die Äußerung: »Für die Dauer dieser Stunde kannst du mit allen Spielsachen spielen, wie du willst« (1972, S. 90).

Das Ziel ist in jedem Fall, das Kind eigene Verantwortung lernen zu lassen. Sollte es z. B. selbst einmal mit einer Spielstunde unzufrieden sein, wird es — wie wir es häufig beobachten konnten — mit einem ganz bestimmten Plan in die nächste Stunde kommen; damit hätte es gelernt, eigene Verhaltensweisen selbst zu regulieren und nicht von äußeren Impulsen abhängig zu sein.

Das Durchhalten dieses Prinzips stellt an das Kind, aber auch an den Therapeuten besondere Anforderungen. »Gewährenlassen« bedeutet nämlich nicht »Laissez-faire«, d. h. den Handlungen des Kindes mehr oder weniger gleichgültig gegenüberzustehen. Vielmehr kommt es darauf an, daß der Therapeut dem Kind die Sicherheit vermittelt, sich in seiner Gegenwart frei auszudrücken.

Das Prinzip des Gewährens und Erlaubens stellt gewissermaßen die Grundlage für die therapeutische Arbeit dar. Fühlt ein Kind diese Freiheit, wird es allmählich dazu kommen, seine Probleme in Wort oder Spiel zu äußern. Dadurch wird es mehr Erfahrungen in das Selbst integrieren können und so im Sinne von ROGERS zu größerer Selbstkongruenz gelangen.

4. Prinzip: *Der Therapeut ist wachsam in bezug auf die Gefühle, die das Kind ausdrücken möchte. Er versucht, sie zu erkennen und so auf das Kind zu reflektieren, daß es Einsicht in sein Verhalten gewinnt.*

52

Dieses Prinzip des *Erkennens und Reflektierens von Gefühlen* stellt eine der wichtigsten Verhaltensvariablen des Therapeuten dar.

Es bedeutet, daß der Therapeut die Gefühle des Kindes, so wie er sie wahrnimmt, auf das Kind in seinen Worten zurückspiegelt.

Es bedeutet also nicht eine reine »Echolalie« der Worte des Kindes, weil die innere Beteiligung des Therapeuten am Erleben des Kindes nicht verlorengehen darf.

Laientherapeuten sind mitunter weniger darauf sensibilisiert, Gefühle zu erkennen, und es fällt ihnen schwer, sie angemessen zu reflektieren.

Man muß auch bedenken, daß es bestimmte Therapiephasen gibt, in denen das Kind Gefühle seltener zum Ausdruck bringt. Das betrifft in erster Linie Informationsfragen des Kindes; diese dürfen in der Regel direkt beantwortet werden. Andererseits betrifft es solche Phasen, in denen sich das Kind nichtverbal verhält, z. B. nur herumsitzt oder nur spielt. Dann kann der Therapeut, wenn er überhaupt reflektieren möchte, nur das von ihm wahrgenommene Verhalten des Kindes zurückgeben. An dieser Stelle werden die Grenzen des Reflektierens deutlich: Zwischen dem »reinen« Zurückspiegeln und dem Interpretieren des kindlichen Verhaltens scheint eine fließende Grenze zu sein.

Beispiel:

Kind: (bemüht sich beim Malen äußerst vorsichtig mit den Farben umzugehen und möglichst wenig mit ihnen in Berührung zu kommen)
Therapeut: »Du hast Angst, dich schmutzig zu machen.«

Hier hat der Therapeut versucht, sich die Verhaltensweise des Kindes zu erklären und diese Erklärung in seine Verbalisierung mit eingehen zu lassen. Er hätte eine Interpretation vermeiden können, indem er lediglich sagt: »Du gehst ganz vorsichtig mit den Farben um.« So hätte das Kind unter Umständen die Möglichkeit, sich der seine Handlung begleitenden Gefühle selbst bewußt zu werden.

Grundsätzlich ist eine Interpretation nicht angemessen, weil sie dem Kind zu leicht nahelegt, einen Weg zu gehen, den der Therapeut, nicht aber das Kind zu gehen bereit ist.

Theoretisch läßt sich gut begründen, warum zwischen einem Reflektieren und einem Interpretieren so schwer zu trennen ist: In jeden Wahrnehmungsvorgang des Therapeuten gehen zugleich Interpretationen ein, so daß zwischen Beobachtung und Reflektieren auf der einen Seite und Verhaltensbeurteilung auf der anderen Seite nicht immer eindeutig getrennt werden kann.

Der Therapeut sollte also bewußt Interpretationen zurückhalten.

AXLINE weist jedoch darauf hin, daß Interpretationen in seltenen Fällen imstande sind, die Therapie weiterzubringen. Allerdings dürfen sie ihrer Ansicht nach nur minimal eingesetzt werden.

Prinzipiell geht es also um die Spiegelung der vom Kind ausgedrückten Gefühle. Dazu muß der Therapeut in besonderer Weise sensibilisiert sein. Therapien, bei denen fortlaufend nur Verhaltensweisen reflektiert und Fragen gestellt werden, können deshalb nur wenig effektiv sein.

Wir haben die Erfahrung gemacht, daß Laientherapeuten in unterschiedlicher Weise für das Erkennen von Gefühlen vorsensibilisiert sind, was an der unterschiedlichen Häufigkeit des Umgangs mit Kindern liegen mag. Es ist jedoch möglich, das Erkennen und Reflektieren von kindlichen Gefühlen zu lernen. Dazu bedarf es eines spezifischen Trainings, möglichst unter Supervision (s. Kap. 5.2.). TAUSCH fordert sogar, daß der Therapeut »seine Eigenart gefühlsmäßig zu reagieren, ganz ausschaltet und versucht, die Welt mit den Augen des Kindes zu sehen und zu erleben« (S. 93).

54

Die zeitweilige »Nichtbeachtung des eigenen Gefühlslebens« dürfte wahrscheinlich über die Möglichkeiten vieler Therapeuten hinausgehen, und man mag fragen, ob sie in diesem geforderten Ausmaß tatsächlich notwendig ist, da man ja in einem Trainingsseminar und durch wachsende Praxiserfahrung auf die Emotionen zu achten *lernt.* Auch wenn man nicht auf dieser Vorbedingung beharren will, muß der Therapeut doch in der Lage sein, erstens die Gefühle in ihrer Spezifität zu erkennen und zweitens — was mitunter noch schwerer fällt — sie sprachlich geschickt, d. h. eindeutig, kindangemessen und prägnant zu äußern. Erst unter dieser Voraussetzung wird das Kind möglicherweise Einsicht in seine Verhaltensweisen und Emotionen gewinnen.

Einsicht bedeutet dabei nach AXLINE nicht das Ergebnis einer allgemeinen Selbstbeurteilung, sondern die Fähigkeit, neue gefühlsmäßige Erfahrungen zu machen.

Gemäß der These 6 von ROGERS sind Gefühle bedeutsame Erfahrungen innerhalb des Austauschprozesses zwischen Individuum und Umwelt. Sie ermöglichen dem Therapeuten erst das Verständnis des inneren Bezugssystems. Die Reflexionen wiederum verhelfen zu einer Neuorganisation des kindlichen Selbst, d. h. zu einer Integration bisher unverarbeiteter Erfahrungen.

5. Prinzip: *Der Therapeut achtet die Fähigkeit des Kindes, mit seinen Schwierigkeiten selbst fertig zu werden, wenn man ihm Gelegenheit dazu gibt. Die Verantwortung, eine Wahl in bezug auf sein Verhalten zu treffen, und das In-Gang-Setzen einer inneren Wandlung sind Angelegenheiten des Kindes.*

Dieses Prinzip der *Achtung vor dem Kind* findet sich bei TAUSCH nicht mehr, vermutlich deshalb, weil der Autor es bereits durch andere Prinzipien abgedeckt sieht, besonders etwa durch das Prinzip des Gewährenlassens.

AXLINE hat dieses Prinzip wahrscheinlich deshalb so stark hervorgehoben, weil es eine sehr stringente Anwendung der Theorie des Selbst von ROGERS ist. Denn nach der Auffassung von ROGERS ist eine Reorganisation des Selbst nur durch das Individuum selbst möglich. Deutlich wird auch der Unterschied zu psychoanalytischen Konzepten, nach denen ja z. T. die inneren Wandlungen durchaus eine Angelegenheit des Analytikers sind.

Die Ausführungen AXLINES zu diesem Prinzip sind bereits bekannt: Der Therapeut darf keinen Druck ausüben, er muß die Verantwortung beim Kind belassen, er verhält sich prinzipiell gewährend.

Durch die nochmalige Betonung der »Achtung vor dem Kind« wird nun aber ganz deutlich, daß es sich hier um eine Therapieform handelt, die sich ganz um das Kind zentriert — eine Überlegung, die der Therapie ihren Namen gegeben hat.

6. Prinzip: *Der Therapeut versucht nicht, die Handlungen oder Gespräche des Kindes zu beeinflussen. Das Kind weist den Weg, der Therapeut folgt ihm.*

Auch dieses Prinzip hat der Therapie ihren Namen gegeben: nicht-direktive Therapie. Hier soll zum Ausdruck gebracht werden, daß eine Steuerung des Geschehens weder direkt durch Anweisungen, noch indirekt durch eine bestimmte Spielauswahl oder durch subtile Bemerkungen erfolgt.

Das bedeutet natürlich nicht, daß das Kind überhaupt keinen Einflüssen durch den Therapeuten ausgesetzt ist.

Tatsächlich ist es so, daß der Therapeut Handlungen, Gespräche und Gefühle des Kindes unmerklich beeinflußt, indem er die Gefühle, manchmal die Verhaltensweisen reflektiert.

Das von AXLINE auch mit den Worten überschriebene 6. Prinzip »Das Kind weist den Weg« deutet auf den folgenden differenzierenden Aspekt: Ausgedrückt wird, daß übliche Anweisungen, Fragen, wie überhaupt alle von Erwachsenen

56

ausgehenden Handlungsimpulse unterbleiben sollen, um dem Kind das Gefühl relativer Handlungsfreiheit zu geben.

Dieses Prinzip wird eingeschränkt durch das Prinzip des »Begrenzens«, das noch erläutert werden wird.

Im Modell von ROGERS bezieht sich die soeben beschriebene führende Rolle des Kindes in der Therapie auf den Komplex der Selbstverwirklichung (These 4), wonach das Individuum die grundlegende Tendenz zeigt, Erfahrungen zur Selbsterhaltung und Selbsterhöhung zu aktualisieren. Je weniger das Individuum unter äußerer Kontrolle steht, um so eher kann es sein Verhalten auf die Befriedigung seiner eigenen Bedürfnisse richten und nach eigenen Erfahrungen bewerten.

7. Prinzip: *Der Therapeut versucht nicht, den Gang der Therapie zu beschleunigen. Sie ist ein Weg, der langsam Schritt für Schritt gegangen werden muß, und der Therapeut weiß das.*

Dieses siebente Prinzip leitet sich eigentlich schon aus dem sechsten ab; es soll jedoch noch einmal verdeutlichen, daß das Kind zu nichts in der Therapie gedrängt werden soll. Mancher Therapeut wird es als belastend empfinden, wenn seiner Ansicht nach das Kind in der Therapie wenig vorankommt, obwohl er überzeugt ist, sich immer angemessen zu verhalten. Dieses Gefühl könnte noch bedrückender werden, wenn das Kind ganz offensichtlich ein Problem hat, das es nur nicht ausdrückt. Der Therapeut sollte jedoch auch in dieser Situation abwarten können und darauf vertrauen, daß es sich mit seinem Problem an ihn wenden wird, sobald es dazu in der Lage ist.

Beispiel:

Kind: (sitzt längere Zeit vor einem Tisch mit Fingerfarben und überlegt, was es malen kann)
Therapeut: »Wie wäre es, wenn du einfach mal anfängst?«

57

Kind: (blickt auf die Fingerfarben)
Therapeut: »Hast du mit solchen Farben noch nie gemalt?«

Mit seiner Aufmunterung und mit seiner Frage versucht der Therapeut, das Kind zu einem Verhalten zu bewegen.

Die folgende Reaktion eines Therapeuten würde das Kind nicht vorantreiben:

Therapeut: »Es ist gar nicht so leicht für dich anzufangen.«

Das Nicht-Vorantreiben hat beim Kind mit zunehmender Therapiedauer ein Gefühl der Entspannung zur Folge. Dadurch ist es dem Kind viel eher möglich, seine Probleme zu äußern. Erinnert sei an häusliche und schulische Situationen, die durch alles andere als Entspannung für das Kind gekennzeichnet sind.

Nach ROGERS können verstärkt Abwehr und psychische Spannung auftreten, wenn das Selbst mit bedrohlichen Erfahrungen konfrontiert wird, die es noch nicht integrieren kann. Ein Vorantreiben der Therapie könnte also eine vermehrte Inkongruenz nach sich ziehen.

8. Prinzip: *Der Therapeut setzt nur Grenzen, wo diese notwendig sind, um die Therapie in der Welt der Wirklichkeit zu verankern und um dem Kind seine Mitverantwortung an der Beziehung zwischen ihm und dem Kind klarzumachen.*

Dieses von AXLINE als letztes genannte Prinzip scheint einerseits von besonderer Wichtigkeit, andererseits aber auch von besonderer Brisanz zu sein, weil es die Grenzen der Therapie selbst andeutet.

AXLINE nennt 5 Begrenzungen, die sie unbedingt einzuhalten fordert:

58

1. Mutwilliges Zerstören von Material
2. Mitnahme von Material
3. Gesundheitliche Gefährdung des Kindes
4. Angreifen des Therapeuten
5. Nicht-Einhalten der vereinbarten Zeit

AXLINE begründet diese Einschränkungen damit, daß dem Kind der Übergang zu anderen Situationen ermöglicht werden sollte. Einerseits müssen körperliche Schäden selbstverständlich vermieden werden, andererseits soll das Kind nicht mit Schuldgefühlen belastet werden. In diesem Zusammenhang treten natürlich zahlreiche spezielle Fragen auf:

Der Therapeut sollte sicher sein, daß eine Grenzüberschreitung beabsichtigt oder unbeabsichtigt ist. Eine ungewollte Übertretung kann übergangen werden, insbesondere, wenn das Kind selbst nicht darauf zurückkommt.

Schwieriger ist dagegen die Reaktion des Therapeuten auf beabsichtigte Grenzüberschreitungen selbst. Nach der Ansicht von AXLINE sollten die Grenzen erst dann bekanntgegeben werden, wenn sie verletzt werden oder verletzt zu werden drohen. Das Angehen einer bewußten Grenzverletzung erfolgt auf vier Ebenen: 1. Hinweis auf eine Begrenzung, 2. Reflektieren des Wunsches nach bzw. der Tatsache einer Grenzverletzung, 3. Verhindern der Grenzverletzung, 4. Durchsetzen der Konsequenzen. Daneben kann es angebracht sein, Spielzeug der Art, die das Kind absichtlich zerstört hat, aus dem Spielzimmer für künftige Kontakte zu entfernen. Im schlimmsten Fall muß der Spielkontakt für eine Stunde abgebrochen werden, wobei die Aufforderung, das Spielzimmer zu verlassen, als natürliche Konsequenz des vorausgegangenen kindlichen Verhaltens darzustellen ist.

Wichtig ist, daß die Grenzen konsequent eingehalten werden. Ohne die strikte Durchsetzung könnte das Kind sonst den Eindruck gewinnen, daß es sich nur um zufällige Setzungen handelt, und daß es sie bei nächster Gelegenheit nicht mehr zu beachten braucht. Damit wäre das Kind unsicher, ob diese Grenzen und die entsprechenden Verhaltenserwartungen verbindlich sind. Tatsächlich jedoch sollte es lernen, allmählich immer mehr Verantwortung für sein eigenes Verhalten zu übernehmen.

Die Grenzen sollen ruhig, sachlich und neutral bekanntgegeben werden. Eine Einleitung der Therapeutenäußerung mit »man« hat sich als zweckmäßig erwiesen.

Alle diese Anweisungen laufen jedoch darauf hinaus, daß beide Beteiligten nicht die Achtung voreinander verlieren sollten, und daß das freundliche Beziehungsverhältnis nicht gestört wird.

Beispiel (aus BIXLER, 1949, S. 4):

Therapeut: »Du bist wütend auf mich, weil ich dich die Puppe nicht mit nach Hause nehmen lasse. Du möchtest mich schlagen, weil du wütend bist.«

Kind: (haut den Therapeuten)

Therapeut: »Du bist furchtbar wütend auf mich und willst mir weh tun. Klar, daß du sauer auf mich bist, aber schlagen darfst du mich nicht.«

Kind: (tritt und schlägt nach dem Therapeuten)

Therapeut: »Wenn du mich noch einmal schlägst, mußt du das Zimmer für heute verlassen. Du möchtest mir weh tun, weil du schrecklich wütend auf mich bist. Aber wenn du mich wirklich noch einmal schlägst, mußt du für heute gehen.«

Kind: (schlägt wieder den Therapeuten)

Therapeut: »Für heute mußt du gehen. (Therapeut steht auf und öffnet die Tür.) Wir sehen uns in einer Woche wieder. Du bist schrecklich wütend auf mich, weil du etwas tun willst, was nicht geht.«

Dieser Spielkontakt vermittelt die oben angesprochenen Stufen: Zunächst wird das Gefühl des Kindes reflektiert, dann

60

die Grenze und die Konsequenzen einer Verletzung aufgezeigt; schließlich werden die Konsequenzen durchgesetzt, ohne daß der Therapeut eine strafende Haltung annehmen darf.

Abschließend sei betont, daß nach unserer Erfahrung erfahrene sich von anderen Therapeuten deutlich darin unterscheiden, wie sie mit diesen Begrenzungen umgehen können.

AXLINES Prinzip des Begrenzens erscheint zunächst als ein klarer Widerspruch zu dem Postulat von ROGERS, die Tendenz zur Selbstverwirklichung in der Therapie massiv zu unterstützen. Man muß sich jedoch darüber im klaren sein, daß bei anderen Personen Grenzverletzungen in unterschiedlichem Ausmaß zu Inkongruenzen führen können. Damit jedoch würden die Bedingungen des therapeutischen Prozesses nach ROGERS (1959, S. 213) nicht eingehalten sein, wonach z. B. sich die eine Person in kongruentem Zustand befinden muß. Damit könnte auch die Vermittlung unbedingter positiver Wertschätzung beeinträchtigt werden.

Anstelle des an fünfter Stelle genannten Prinzips hat TAUSCH (1956) das *Prinzip der inneren Sicherheit aufgeführt.* Er gibt an, er sei durch seine eigene praktische Erfahrung zu der Meinung gekommen, daß dieses Prinzip von entscheidender Bedeutung ist. Die innere Sicherheit ist bei ihm vor allem mit innerer Geordnetheit des Therapeuten definiert, daneben durch dessen tiefen Glauben an die Möglichkeiten des Kindes und der Therapie. Um seine innere Sicherheit zum Ausdruck bringen zu können, muß der Therapeut nach TAUSCH lernen, eine gewisse Affektlosigkeit zu zeigen. Dieses zusätzliche Prinzip dürfte in der Terminologie von ROGERS bedeuten, daß ein Therapeut besonders große Selbstkongruenz aufweisen muß.

3.3. *Kritische Anmerkungen zu den Konzepten von* ROGERS *und* AXLINE

Jedes wissenschaftliche Modell kann Realität nur in einem begrenzten Ausmaß abdecken.

Beschreibende Modelle müssen in sich widerspruchsfrei, logisch einheitlich, voraussetzungsklar und überprüfbar sein. *Erklärende Modelle,* die das eigentliche Ziel wissenschaftlichen Strebens sind, müssen darüber hinaus die Funktionen zwischen Bedingendem und Bedingtem aufzeigen (s. dazu HERMANN, 1969, S. 318). Rekapitulieren wir unter diesem Aspekt das Konzept von ROGERS.

3.3.1. Zum Konzept von ROGERS

Wie ROGERS selbst schreibt, sind seine Annahmen über die Persönlichkeit nur teilweise empirisch überprüfbar:

> »The first sections of this theory are largely made up of logical constructs, and propositions are only partly open to empirical proof or disproof.« (ROGERS, 1959, S. 232)

Auch eine andere Anforderung an theoretische Modelle wird nur teilweise erfüllt: Teilweise ist sein Persönlichkeitsmodell nämlich nicht voraussetzungsexplizit, weil anderen Theorien Konstrukte entnommen worden sind, die nicht hinreichend abgeleitet werden (so z. B. die Annahme der Abwehrmechanismen).

Das Therapiemodell — in seiner sehr allgemeinen qualitativen Form — bezieht Therapiebedingungen (d. h. Klienten- und Therapeutenvariablen), Therapieprozeß und Therapieergebnis in Wenn-dann-Beziehungen aufeinander, ohne die zugrunde liegenden Funktionen zu erhellen.

62

»This theory is of the if-then variety. If certain conditions exist (independent variables), then a process (dependent variable) will occur which includes certain characteristic elements. If this process (now the independent variable) occurs, then certain personality and behavioral changes (dependent variables) will occur.« (ROGERS, 1959, S. 212)

Eine Wenn-Dann-Beziehung drückt lediglich eine Kausalität aus, wie sie z. B. in einem einfachen Reiz-Reaktionsschema gegeben ist. Ein Erklärungswert kommt diesen Ursache-Wirkungsbeziehungen jedoch nicht zu; dazu bedarf es der Annahme von intervenierenden Variablen, die erst den wirksamen Mechanismus erklären können.

ROGERS hat allerdings selbst diesen Mangel seines theoretischen Ansatzes erkannt, wenn er schreibt:

»The element which will doubtless be most puzzling to the reader is the absence of explanatory mechanisms.« (a. a. O., S. 217)
»I regret that I find this terminology (of the independent-intervening-dependent variable) somehow incongenial.« (a. a. O., S. 189)

Er betont jedoch an anderer Stelle (a. a. O., S. 249 f.), daß die Weiterentwicklung der Forschung in verschiedenen Bereichen der experimentellen Psychologie (Wahrnehmungs- und Lernforschung) allmählich zu solchen erklärenden Konstrukten führen könnte.

Nicht nur wissenschafts-methodologisch, sondern auch inhaltlich sollten die Grundfragen des Konzepts von ROGERS hinterfragt werden. Die Persönlichkeitstheorie selbst besteht aus einer Reihe von Konstrukten, in deren Mittelpunkt das »Streben nach Selbstverwirklichung« steht. Auf dieses ist alles andere also bezogen.

Die Selbstverwirklichungstendenz erscheint bei ROGERS als zu sehr abstrahiert von entscheidenden Rahmenbedingungen. Sie wird dem Individuum schlechthin zugesprochen, ohne daß sie in seinem sozialen Kontext verankert wird. (Vgl. dazu die Voraussetzungen, die bei Behinderten, Minderheiten, Randgruppen und sonst Benachteiligten gegeben sind.)

Will man sinnvolles psychologisches Handeln einleiten, wird man Voraussetzungen für eine erfolgreiche Therapie oft erst schaffen müssen, z. B. eine ausreichende Verbalisierungsfähigkeit des Klienten.

Die Therapietheorie selbst beansprucht einen hohen Allgemeinheitsgrad, indem sie vielen Ätiologien und Symptombildern durch starre Anwendung gleichförmiger Interaktionsformen über längere Zeiträume hinweg gerecht werden will. Für diesen Anspruch erscheint sie jedoch zu wenig ausgebildet. Man muß sich deshalb fragen, ob nicht differenziertere Ansätze weiterführen würden.

Die Therapieziele scheinen nicht so unproblematisch zu sein, wie sie von ROGERS deduziert werden. Sie werden nämlich innerpsychisch im Sinne einer Anpassung des Individuums an sich selbst definiert. Äußere Determinanten von Anpassung bzw. Fehlanpassung des Individuums werden nicht einbezogen (vgl. dagegen Ergebnisse der Sozialisationsforschung).

3.3.2. Zum Konzept von AXLINE

ROGERS selbst wollte sein Therapiekonzept auf viele Bereiche menschlichen Verhaltens angewendet wissen, so auch auf das Gebiet Erziehung und Kinderbehandlung in einer Therapie. VIRGINIA M. AXLINE hat versucht, diese Übertragung zu leisten. Sie konnte dabei allerdings nur von ROGERS' *Counseling and Psychotherapy* von 1942 ausgehen, das differenziertere Modell, das ROGERS erst später veröffentlicht hat, stand ihr wahrscheinlich noch nicht zur Verfügung.

64

Das Konzept von AXLINE läßt sich zunächst auf die acht Grundprinzipien reduzieren (s. voriges Kapitel), und man muß sich fragen, wie diese zu verstehen sind: Sollen sie Verhaltensanweisungen an den Therapeuten sein, die ganz unterschiedliche Bereiche betreffen? Offensichtlich muß es sich wohl um Prinzipien handeln, die sich inhaltlich stark überschneiden, die also voneinander abhängig sind, und die deshalb auf noch grundlegendere Faktoren zurückzuführen sein müssen. Damit jedoch sind die acht Prinzipien von relativ geringem praktischen Nutzen, da der Therapeut nicht weiß, welche im Grunde die maßgeblichen Dimensionen seines Verhaltens sind.

Aus diesem Grund scheint TAUSCH (1956) anstelle des fünften Prinzips bei AXLINE (Die Achtung vor dem Kind) das Prinzip der »inneren Sicherheit des Therapeuten« eingeführt zu haben. Inhaltlich scheinen die Prinzipien nicht das ganze Verhaltensspektrum abzudecken. Das betrifft z. B. das Prinzip des Erkennens und Reflektierens der kindlichen Gefühle durch den Therapeuten. Im Gegensatz zu Erwachsenen verhalten sich Kinder in der Therapiesituation auf langen Strecken averbal. Der Therapeut steht dann vor der Schwierigkeit, emotionale Inhalte nur schwer erkennen zu können, so daß er — wenn er überhaupt reflektieren will — häufig nur beobachtbares nicht-sprachliches Verhalten zurückspiegeln kann. In seinem Bemühen, das Kind zu verstehen und das so Verstandene zu kommunizieren, besteht dann die Gefahr, interpretative Elemente einfließen zu lassen.

In das Konzept selbst gehen verschiedene Grundannahmen ein, die dem Gegenstand gemäß mehr entwicklungspsychologischer Art sind. AXLINE schreibt: »Alles Wachstum vollzieht sich in einem spiralartig verlaufenden Vorgang der Veränderung« (1972, S. 15). Damit wird eine Entwicklungsvorstellung von einem spiralartigen Verlauf nahegelegt, das im Prinzip postuliert, daß Ähnliches auf anderen Entwicklungsstufen wiederholt wird (s. dazu Lehrpläne für deutsche Schulen). Dieses Spiralmodell war damals aktuell, gehört jedoch neben

Phasenlehren und Schichtmodellen zu den theoretischen Vorstellungen von der Entwicklung, die sich inzwischen als weniger nützlich erwiesen haben.

»Insgesamt läßt sich die Entwicklung besser als Sozialisierungsprozeß, als Hineinwachsen des einzelnen in die Gesellschaft und die umgebende Kultur beschreiben« (OERTER, 1968, S. 58). Diese Theorie stellt nun Entwicklung als fortlaufenden Lernprozeß dar, der über die Auseinandersetzung des Individuums mit seiner sozialen Umwelt erfolgt.

Wenn AXLINE z. B. schreibt, daß es nur eines fruchtbaren Bodens für Reifungsvorgänge bedarf (a. a. O., S. 15), so steht diese Ansicht klar dazu im Widerspruch.

Symptome des Kindes werden dabei als Ausdruck von verhinderten Reifungsprozessen, nicht jedoch als Ergebnisse sozialer Lernprozesse angesehen.

Entsprechend sieht AXLINE auch die Therapie nicht als sozialen Lernprozeß, sondern — ganz im Sinne von ROGERS — als Möglichkeit für das Individuum an, sein Selbstkonzept von »innen heraus« zu organisieren oder zu reorganisieren.

AXLINE wollte ihre Prinzipien aber auch auf andere Lebensbereiche angewendet sehen, insbesondere auf die Erziehung. In diesem Punkte ist das Konzept von pädagogischer Seite schon immer kritisiert worden, denn didaktische Prinzipien, inhaltliche Ziele (z. B. Unterrichtsziele übergeordneter Art etc.) werden überhaupt nicht erfaßt und integriert. Aus dem Therapiekonzept lassen sich offensichtlich nur Folgerungen für einen bestimmten Erziehungs- und Unterrichtsstil ableiten, der gesamte Bereich des Erziehungsphänomens wird also nur teilweise abgedeckt. Konkret heißt dies, daß die Frage offen bleibt, wie das Kind auch in anderen Situationen als der Therapie zur Selbstverwirklichung kommen soll, ob gegebenenfalls andere Bewältigungstechniken angeeignet werden müßten etc.

Der Absolutheitsanspruch des von AXLINE vorgelegten Konzepts geht aber auch aus der Tatsache hervor, daß eine Dia-

66

gnose am Beginn einer Behandlung nicht benötigt wird, sogar unerwünscht ist. Der Therapeut hat ja die Aufgabe, das Kind nur über sein inneres Bezugssystem zu verstehen. Aus heutiger Sicht dagegen würde eine spezifische Behandlung erst dann einsetzen können, wenn aufgrund von diagnostischen Daten diesbezügliche Entscheidungen getroffen worden sind. (Vgl. dazu die Gedanken der Entscheidungstheorie, etwa bei CRONBACH und GLESER, 1965.)

Will man also den Absolutheitsanspruch von AXLINE nicht befürworten, ergibt sich das Problem einer Indikation für die kind-zentrierte Spieltherapie.

Versteht man die Therapie als *eine* Möglichkeit, Lernprozesse einzuleiten, müßten bestimmte Konsequenzen daraus folgen: Man müßte die Lerngeschichte des Kindes berücksichtigen, Therapieprozesse als soziale Lernvorgänge auffassen, den Transfer von der Therapie auf andere Lebensräume herstellen und Bezugspersonen mit einbeziehen.

Beschränkt man sich nur auf die Therapiesituation, so ist fraglich, wie das Kind in diesem Prozeß der Auseinandersetzung mit dem Therapeuten und sich selbst zu einer besseren Bewältigung von sozialen Konflikten außerhalb kommen kann, zumal sie für den Alltag des Kindes so wenig repräsentativ ist.

Nach der hier vorgetragenen Kritik sollte man eines ganz deutlich sehen: In vielen anderen Kinderpsychotherapie-Konzepten sind die hier angesprochenen Probleme z. T. noch nicht einmal aufgegriffen, geschweige denn gelöst worden.

Trotz zahlreicher Bedenken halten wir das Konzept von ROGERS sowie die Übertragung auf die Kindertherapie für erweiterungsfähig, zumal es sich — wie das folgende Kapitel zeigen soll — teilweise praktisch bewährt zu haben scheint.

4. Experimentell-empirische Grundlagen der kind-zentrierten Spieltherapie

4.1. *Einfluß- und Prozeßgrößen*

Die Spieltherapie stellt ein sehr komplexes Geschehen dar, das von Wahrnehmungen, Gefühlen, Denkabläufen, Verhaltensweisen der Beteiligten beeinflußt wird.

Es ist nun zu fragen, wie man das Geschehen zwischen dem Kind und dem Therapeuten auf ein möglichst einfaches Modell reduzieren kann, um Beschreibungs- und Erklärungsversuche zu erleichtern.

Prinzipiell ist es so, daß Kind und Therapeut in dieser Situation einem ständigen Reizangebot ausgesetzt sind.

Die Reizquellen sind

— physikalischer Art (Beschaffenheit des Raumes, des Materials, etc.)
— physiologischer Art (Befindlichkeiten, somatische Zustände wie Körpertemperatur, Pulsfrequenz etc.)
— psychologischer Art; psychologische Stimulatoren sind nochmals einzuteilen in
  — Hinweisreize, die vom Partner ausgehen und
  — Hinweisreize, die vom Individuum selbst ausgehen.

Es handelt sich dabei um Reizsituationen, die auch außerhalb der Therapiesituation zu finden sind.

Geht man von dieser Einteilung möglicher Reizquellen aus, muß man sich fragen, wie die weitere Reizverarbeitung aussehen könnte. In diesem Prozeß, den man auch Assimilation nennen könnte, gehen Motivationsbedingungen habitueller und aktueller Art ein, dann die bisherige Lerngeschichte und gespeicherte Inhalte (Erfahrungen mit ähnlichen Situationen,

68

Personen, Gegenständen etc.), Einstellungen, Erwartungen und Bedürfnisse.

Aus dem vielfältigen Reizangebot scheint das Individuum nun einen Teilaspekt herauszunehmen, es wählt bestimmte Informationen aus, denen es eine bestimmte Bedeutung zumißt. Diese hängt von inneren Bewertungsprozessen ab, die sich aus vergangenen Erfahrungen entwickelt haben. Die Bewertungsinstanzen wiederum sind mit dem Erreichen und Aufrechterhalten erwünschter Zustände und Ziele verbunden. Man könnte sich den weiteren Verlauf so denken, daß nun eine Entscheidung getroffen wird, ob Wahrnehmungen mit Erfahrungen übereinstimmen oder nicht. Stimmen sie überein, könnte man von Kongruenz sprechen, im anderen Fall von Inkongruenz.

Ein als inkongruent erlebter Zustand führt seitens des Organismus zu einer Aktivität, um diese Inkongruenz abzubauen und damit einen erstrebten Zustand zu erreichen. Der Vorgang der Informationsverarbeitung ließe sich vereinfacht als Hypothese des Organismus an die Umwelt vorstellen, ob im Sinne der bisherigen Lerngeschichte und der Erwartungen die Wahrnehmungen mit den Zielen übereinstimmen. Die notwendige Entscheidung wird in einem Schaltzentrum getroffen, das auch für die nächstfolgende Handlungsinstanz verantwortlich sein könnte: Verschiedene Handlungsalternativen werden rekapituliert, aktualisiert, kombiniert; sie werden in bezug auf ihre Erfolgsaussichten abgeprüft, eine Handlungsmöglichkeit wird schließlich ausgewählt.

Der so eingeleitete Aktivitätszirkel hält solange an, bis die neue Erfahrung assimiliert ist, d. h. bis Kongruenz zwischen Erwartung und Handlungseffekt hergestellt ist.

Die zur Beseitigung von Inkongruenzen eingeleiteten Handlungen betreffen

1. Operationen innerhalb des Individuums (z. B. kognitive Integrationen, Abwehrmechanismen etc.),

69

2. Beobachtbare Operationen des Individuums (z. B. Fremd-
und Selbstexplorationen).

Der Erfolg dieser Aktivitäten wird daraufhin überprüft, ob
der so erreichte Zustand als befriedigend erlebt und die
Handlungssequenz abgeschlossen werden kann, oder ob das
Inkongruenzerlebnis andauert und deshalb neue Operationen
eingeleitet werden müssen.

Die Darstellung auf der folgenden Seite versucht, die Prozesse zu verdeutlichen.

Die vorgeschlagene Modellvorstellung geht auf die sogenannte »Test-Operate-Test-Exit«-Einheit (= TOTE-Einheit) von MILLER, GALANTER und PRIBRAM (1960, S. 26)
zurück, die eindrucksvoll das Zusammenspiel von Infor-
mationsinput und Organismusaktivität (allerdings in anderem Zusammenhang) beschreibt:

»Bestimmte Normwerte regulieren die Aktivität. Sie wird
in Gang gesetzt, wenn zwischen Normwert und Eingabe
keine Kongruenz besteht. ... Diese Aktivität wird wieder
blockiert bzw. eingestellt, wenn die Kongruenz zwischen
Eingabe und Normwert erreicht ist (Exit). Nun ist der
Organismus frei für andere Operationen« (deutsche Übertragung von OERTER, 1968, S. 69).

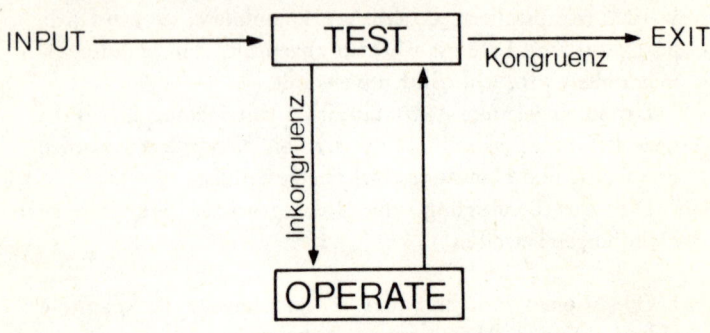

Abb. 5: Die TOTE-Einheit

70

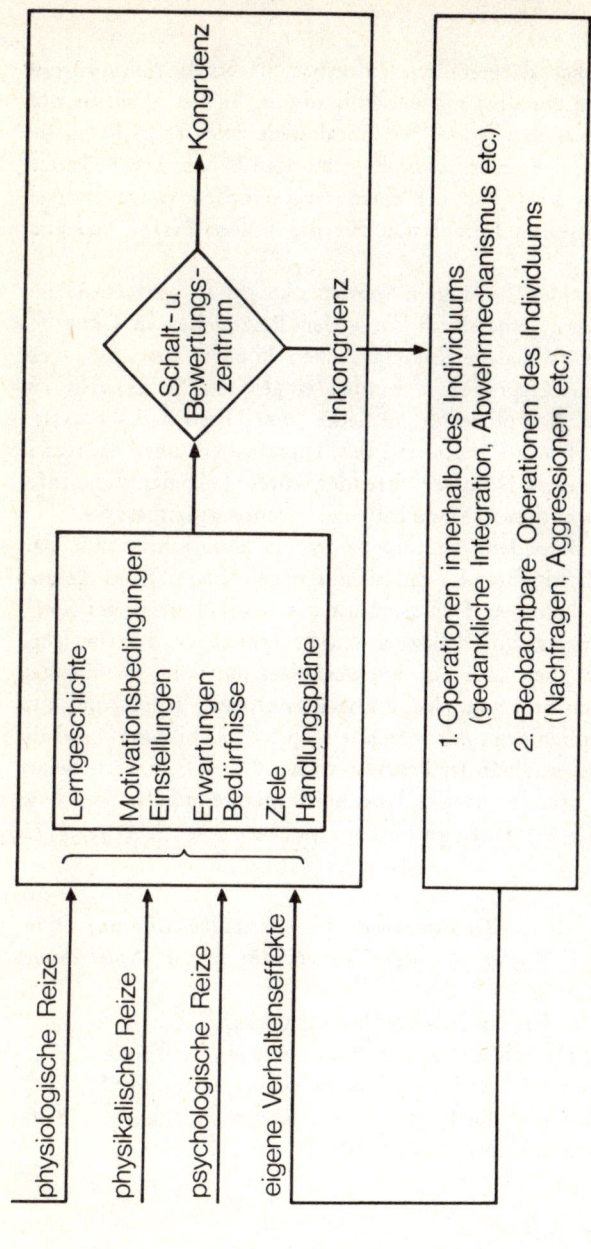

Abb. 6: Grundlegendes Handlungsmodell

Die bisher dargestellten Informationsverarbeitungsprozesse betreffen zunächst nur ein Individuum. In der Spielsituation handelt es sich jedoch um mindestens zwei Individuen, die voneinander verschiedene Erwartungen haben. Das bedeutet, daß das Verhalten der einen Person neben vielen anderen Hinweisreizen Stimulation für die andere Person bedeuten kann.

Bei beiden Beteiligten werden nun ganz verschiedene Bewertungssysteme durch die vielen Reizquellen in Gang gesetzt, verschiedene Inkongruenzen können entstehen, verschiedene Operationen werden eingeleitet. So entsteht ein äußerst kompliziertes Geflecht von Feed-back-Prozessen innerhalb des Kindes und des Therapeuten, aber auch zwischen beiden. Noch verwirrender würde die gedankliche Integration in diesem Sinne bei einer Gruppenspieltherapie.

Das Besondere der therapeutischen Situation ist nun, daß ganz bestimmte Eingangsbedingungen beim Kind gesetzt werden. Sie betreffen zunächst die Beschaffenheit des Spielzimmers, zeitliche Faktoren und Begrenzungen, dann beziehen sie sich aber auch auf Hinweisreize, die vom Therapeuten ausgehen und ganz spezifische Lernprozesse beim Kind auslösen sollen (vgl. das folgende Kapitel). Abbildung 7 soll die Wechselseitigkeit der Prozesse verdeutlichen (s. nächste Seite).

Ein Stundenprotokollausschnitt könnte nun in der Lage sein, die Vorgänge zu veranschaulichen (aus: AXLINE, 1972, S. 81):

(Oskar ist ein Therapiekind, das nur widerwillig auf Drängen der Mutter mit der Therapeutin in das Spielzimmer gegangen ist.)

Oskar: Ich hau dich jetzt kurz und klein.

Th.: Du fühlst dich immer noch wie ein Raufbold.

Oskar: Ich werde ... (lacht plötzlich) ... Ich werde ...

(Er geht durch den ganzen Raum und nimmt sich das Spieltelefon) ... Was ist das?

72

Th.: Das ist ein Spieltelefon.
Oskar: Ich werde es auch kaputtschlagen.

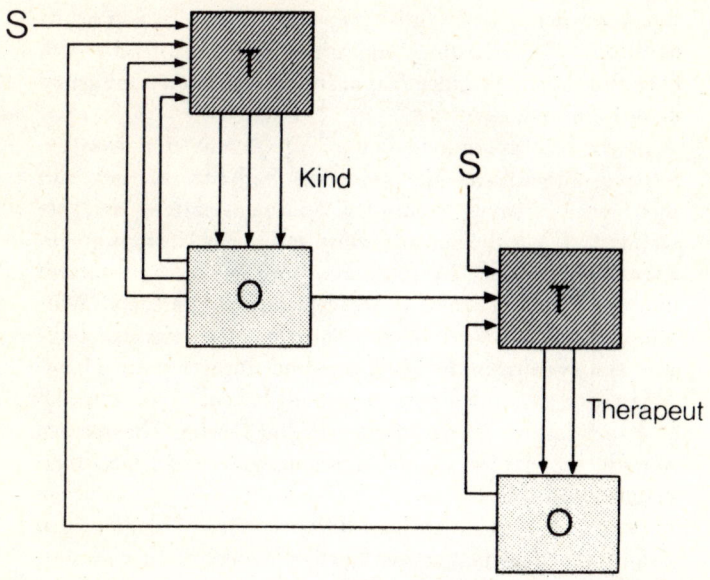

Abb. 7: Interaktionsmodell »Kind — Therapeut«

Th.: Du willst das Telefon auch kaputtmachen.
Oskar: Ja, ich zerreiße gern Dinge und verhau' gern
  Menschen.
Th.: Du zerreißt gern etwas und tust anderen gern weh.
Oskar: Ja. O, sehen Sie mal, Geschirr. Ich werde Haus
  spielen.

Das Spielgeschehen scheint, wenn man es in seinem Verlauf
verfolgt, weniger gut beschreibbar mithilfe eines einfachen
Reiz-Reaktionsschemas, weil so die Dynamik kaum erfaßt
wäre. Nützlicher ist dagegen ein Schleifenmodell, das den

73

Rückkoppelungscharakter besser in den Griff bekommt, wie es etwa aus der obigen Abbildung ersichtlich ist.

Offensichtlich ist es so, daß Oskar bestimmten Umweltinformationen auch im Spielzimmer ausgesetzt ist, von denen ein großer Teil allerdings unbeachtet bleibt, während er sich einem kleineren Teil, der ihm auffällig und interessant genug erscheinen muß, zuwendet.

In die Therapiestunde kommt Oskar mit Erwartungen, wie sich Erwachsene ihm gegenüber verhalten werden, mit ihm zur Verfügung stehenden Reaktionsmustern, mit bestimmten Einstellungen sich selbst und seiner Umwelt gegenüber. Während der Therapiestunde wird sein Verhalten durch die oben beschriebenen Reizgegebenheiten gesteuert. Seine Aufmerksamkeit wird durch Wahrnehmungen absorbiert, die mit den bisherigen Erfahrungen und angesteuerten Handlungszielen eine bedeutsame Beziehung haben.

Prinzipiell verlaufen diese Vorgänge beim Therapeuten ähnlich, nur daß er andere Handlungsziele und Steuerungsinstanzen aufweist.

In unserem Beispiel geht Oskars erstes Handlungsziel dahin, das Spielzimmer so schnell wie möglich zu verlassen. In sein Wahrnehmungsfeld jedoch fällt die Person des Therapeuten. Er prüft diesen Umstand in bezug auf sein Ziel ab und kommt zu dem Ergebnis, daß der Therapeut diesem im Wege steht. Vermutlich rekapituliert Oskar nun verschiedene Handlungsmöglichkeiten, mit seinem Inkongruenzerlebnis fertig zu werden:

— Er könnte versuchen, gewaltsam den Raum zu verlassen oder alles kurz und klein zu schlagen.
— Er könnte den Therapeuten körperlich angreifen oder zumindest ihn mit Verbalinjurien belegen.

Möglicherweise sind diese Handlungsalternativen wegen ihrer geringen Erfolgsaussichten von der Entscheidungsinstanz

74

zurückgewiesen worden. Oskar wählt eine Drohgebärde als Operation, die ihm im weiteren Verlauf zu einer vorläufigen Kongruenz zu verhelfen scheint. Er »lacht plötzlich« und bringt damit u. U. zum Ausdruck, daß es »so nicht gemeint war«; die Person des Therapeuten erscheint ihm nun nicht mehr so interessant, denn er hat sich neue Handlungsziele gesteckt. In sein Blickfeld fällt ein Spielobjekt, das ihm als Angriffspunkt geeigneter erscheint, und ein neuer Rückkoppelungskreis beginnt.

Die kindlichen Operationen können ganz verschieden aussehen, wie unser Beispiel zeigt. Die Operationen des Therapeuten dagegen weisen ein geringeres Verhaltensspektrum auf: In den meisten Fällen reflektiert er die emotionalen Inhalte des Kindes.

Einerseits durchlaufen die eigenen Äußerungen des Therapeuten »innere Kreise«, in denen der Handlungseffekt (die Reflexion) mit den eigenen Normwerten (Verhaltensprinzipien) verglichen wird. Andererseits treffen die Operationen des Therapeuten auf das Sensorium des Kindes, werden dort verarbeitet und können neue Handlungspläne bei ihm hervorrufen, die wiederum, falls sie realisiert werden, vom Therapeuten wahrgenommen und zu dessen ursprünglichem Handlungsziel — den emotionalen Gehalt zu reflektieren — in Bezug gesetzt werden können.

Will man das Therapiegeschehen etwa in dieser Weise auffassen, so mag dies als sehr kompliziert erscheinen. Im Gegensatz zu einer einfachen Reiz-Reaktionsgleichung jedoch spricht für diese Modellvorstellung, daß Rückkoppelungsprozesse miterfaßt werden. Außerdem gehen die bisherige Lerngeschichte, Wertsysteme, Einstellungen, Verhaltenstendenzen etc. als mögliche Erklärungsfaktoren für das beobachtbare Handeln ein. Wenn man ein solches Modell weiter differenzieren würde, könnten besser als bisher psychologische Wissensbestände integriert werden.

Für den Effekt einer Therapie ergibt sich aus dem Gesagten, daß durch sie bestimmte Größen dieses Systems verändert werden, wie Steuer-, Richt-, Handlungsinstanzen. Beobachtbar sind natürlich nur die Ausgänge des Systems und teilweise die Eingangsbedingungen, denen wir uns nun zuwenden wollen.

4.2. *Lernprinzipien*

In dem nun folgenden Kapitel sollen einige der Eingangsbedingungen erörtert werden, die in dem vorgestellten Modell an erster Stelle stehen.

Dabei handelt es sich um Bedingungen, die mit dem Verhalten des Therapeuten in Beziehung stehen und beim Kind ganz bestimmte Lernvorgänge auslösen sollen.

Zunächst jedoch muß kurz abgeklärt sein, was unter ›Lernen‹ eigentlich verstanden werden soll.

4.2.1. Definition des Lernens

Im Alltag wird der Lernbegriff häufig dann gebraucht, wenn sich Individuen neue Fertigkeiten in zielgerichteter Weise anzueignen suchen, etwa im Rahmen des »Schullernens«. Der moderne psychologisch orientierte Lernbegriff geht jedoch darüber weit hinaus: Er betrifft den größten Teil aller auftretenden Verhaltensänderungen. Lernen wird als grundlegende Bedingung für Verhaltensänderungen angenommen, soweit diese Veränderungen nicht auf Ausnahmebedingungen zurückgehen (medikamentöse Beeinflussung, Reifungsvorgänge, entwicklungsbedingte Abbauerscheinungen, Verletzungen, Erkrankungen, Sinnesadaptationen). Lernen selbst kann nicht beobachtet werden, weil es als hinter den Verhaltensänderungen stehend angenommen wird.

76

Die Frage, wie denn nun Lernen stattfindet, wird verschieden beantwortet. Die differenzierteren Antworten finden sich in den Lerntheorien, von denen einige — für die kind-zentrierte Spieltherapie wahrscheinlich nützliche — im folgenden erläutert werden sollen.

4.2.2. Klassisches Konditionieren

Die klassische Konditionierungstheorie, auch als Reizsubstitutionstheorie oder Signallernen bezeichnet, ist eines der am längsten bekannten Lernprinzipien.

PAWLOW (1849—1936) gilt als Begründer dieser Psychologie des Lernens. Er konnte experimentell nachweisen, »daß Reflexe durch ursprünglich neutrale, d. h. an sich wirkungslose Reize ausgelöst werden können, sofern diese nur oft genug mit den für den Reflex charakteristischen Auslösern gekoppelt werden. Ein durch einen solchen erfahrungsunabhängigen Auslöser (*konditionaler Stimulus:* CS) in Gang gebrachter Reflex wird als bedingter Reflex (›konditionierter‹ oder besser ›konditionaler Reflex‹, CR) bezeichnet; seinen natürlichen Auslöser nennt man den *unkonditionierten Reiz* (US)« (nach: HOFSTÄTTER, 1957, S. 56).

Prinzipiell arbeitete PAWLOW nach dem folgenden Versuchsplan:

Einem Hund wurde Futter gezeigt, woraufhin das Tier mit einem sogenannten unbedingten, weil angeborenen Speichelreflex reagierte. (Durch eine Operation am Hals war die Speichelmenge sogar direkt meßbar.) In einer nächsten Versuchsphase wurde kurz vor dem Futterreiz ein akustischer Reiz ausgesendet — ein Glockenton —, also ein neutrales Signal, auf das das Tier bisher lediglich mit einer Wahrnehmungsreaktion geantwortet hatte. Nachdem beide Reize in dieser Weise eine Zeitlang dargeboten worden waren, gewann der erste, zuerst neutrale Reiz die Bedeutung eines Signals für den zweiten. In einer dritten Versuchsphase schließlich wurde allein der Glockenton präsentiert, auf den das Tier nun ebenfalls mit einer — allerdings verminderten — Speichelreaktion reagierte.

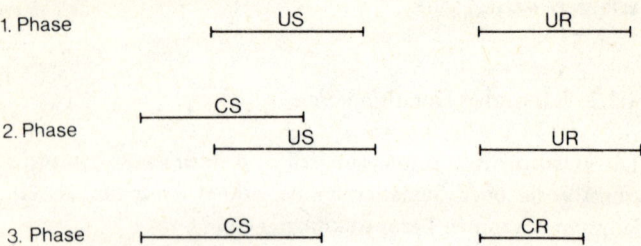

Die Ausbildung dieser Reaktion geschieht also in der Weise, daß ein mittelbarer, konditionierter Reiz zum Signal für einen unmittelbaren, unkonditionierten Reiz wird, wenn beide häufig nacheinander aufgetreten sind. WATSON (1931) hat dann versucht, dieses Konditionierungsschema auf menschliches Lernen zu übertragen. In seinem berühmten Versuch (1920) mit dem neun Monate alten Albert (der übrigens moralische Bedenken hervorgerufen hat), verwendete er als unkonditionierten Reiz ein intensives Geräusch, das beim Kind eine unkonditionierte Angstreaktion auslöste. Der zunächst neutrale Reiz war eine weiße Ratte, der das Kind freundlich-spielerisch begegnete. Bei allen nun folgenden Konfrontationen Alberts mit der Ratte erfolgte (fast) gleichzeitig jenes unangenehme akustische Signal. Das häufige gemeinsame Auftreten der beiden Reize führte dazu, daß schließlich allein der Anblick der Ratte eine Angstreaktion bei Albert auslöste. Das Kind hatte also *gelernt*, bereits auf das Signal hin mit Furcht zu reagieren, die konditionierte Reaktion war also eine gelernte Furcht.

Daraus werden zwei Dinge deutlich: Die Angst vor Ratten hat man nicht geerbt, sondern im Laufe seines Lebens erworben. Und: Das Erlernen von Emotionen läßt sich sehr gut nach dem Paradigma klassischen Konditionierens beschreiben.

78

In der Praxis muß man sich natürlich die entstandenen Lerneffekte wesentlich komplizierter in ihrer Struktur vorstellen, als es in dem beispielhaften Experiment mit Albert zum Ausdruck kam.

Betrachten wir z. B. Lernvorgänge, die beim Füttern eines Kindes entstehen können: Zunächst löst das Berühren der Flasche mit den Lippen eine unkonditionierte Schluckreaktion aus. Dann erhält die Flasche selbst eine Signalfunktion für das bevorstehende Fütterungsereignis. Schließlich kann die Mutter, die die Flasche in der Hand hält, die Fütterung signalisieren. Später können dann auch andere Umweltreize Signalwirkungen erhalten, d. h. erst eine psychologische Bedeutung für das Kind gewinnen.

Abgesehen von der Vielschichtigkeit realen Lernens im Erziehungsalltag sind bereits die experimentell gut aufgeklärten Bedingungen des klassischen Konditionierens komplex (s. dazu GAGNE, 1965):

Zunächst müssen unkonditionierte Reiz-Reaktionsverbindungen *im Individuum* störungsfrei vorhanden sein, ehe ein Lernvorgang dieser Art überhaupt stattfinden kann.

Außerhalb des Individuums sind die wichtigsten Bedingungen »Kontiguität« und »Wiederholung«, d. h. beide Reize müssen einerseits in enger zeitlicher Nachbarschaft und andererseits wiederholt zusammen aufgetreten sein, ehe sich eine bedingte Reaktion ausbilden kann.

Jedes gemeinsame Auftreten von CS und US wird *Verstärkung* genannt, weil durch ihre Koppelung die Signalwirkung von CS gefestigt, verstärkt wird. Folgt dagegen der unkonditionierte Reiz nie mehr dem konditionierten, wird die Signalwirkung von CS immer mehr geschwächt, bis die bedingte Reaktion überhaupt nicht mehr auftritt. In diesem Fall sagt man auch, daß die bedingte Reaktion gelöscht worden ist (= *Löschung* oder Extinktion). Ein weiteres Phänomen, das von erheblicher Bedeutung in der Praxis ist, ist die *Reizgeneralisierung.* Die Bedeutung der Reizgeneralisierung liegt darin, daß nicht unbedingt das ursprünglich bedingte Signal zur Verfügung stehen muß, damit die bedingte Reaktion gezeigt wird. Vielmehr kann auch ein ähnliches Signal diese Wirkung haben. Das Individuum lernt nämlich nicht präzise ein bestimmtes Signal, sondern eine bestimmte Reizklasse. So würde ein Hund, der es gelernt hat, auf ein 50-Hz-Signal zu speicheln, ebenfalls auf einen 51-Hz-Ton reagieren. Andererseits wird er wohl kaum noch auf ein 1000-Hz-Signal reagieren, hier setzt nämlich ein anderes Phänomen ein: *Diskrimination,* d. h. das Individuum lernt, auf bestimmte Zeichen zu reagieren und auf andere nicht. Dieses Diskriminationslernen (auch: Unterscheidungslernen) steht also in gegenläufiger Beziehung zur Generalisation. Entsprechend reagieren Patienten mit sehr stark ausgeprägter Furcht vor Hunden (= Hundephobiker) auf *alle* Hundearten gleich (= Generalisierung), jedoch unterschiedlich auf andere Tierarten (= Diskrimination).

4.2.3. Instrumentelles Konditionieren

Obwohl die Theoretiker des klassischen Konditionierens zunächst behauptet hatten, alles Lernen auf ihr Konzept zurückführen zu können, wurde doch bald deutlich, daß sich viele Lernvorgänge mit dem Paradigma des instrumentellen Konditionierens besser beschreiben und erklären ließen. Für das instrumentelle Lernen werden auch die folgenden Termini verwendet: Lernen als Verhaltensselektion, Bekräftigungslernen (engl.: reinforcement-learning), instrumentelles Bedingen, Erfolgslernen.

Das Paradigma läßt sich vereinfacht so beschreiben: Wird das Verhalten von einem angenehmen und befriedigenden Zustand gefolgt, wird gerade dieses Verhalten (im Vergleich zu anderen Verhaltensweisen) in Zukunft häufiger auftreten. Man muß sich die Forschungsentwicklung in diesem Bereich

80

so vorstellen, daß am Anfang eine einfache Beobachtung stand, und daß dann Erklärungsversuche folgten, die immer komplizierter wurden, bis man schließlich zur Herausstellung allgemeiner Gesetzmäßigkeiten kam.

Hier sollen nur die wichtigsten Grundgedanken des Bekräftigungslernens und Unterscheidungsmerkmale zum Signallernen aufgeführt werden, eine ausführlichere Darstellung würde den Rahmen sprengen.

SKINNERS Tauben und THORNDIKES Katzen mußten in Käfigen lernen, bestimmte Bewegungen, d. h. motorische (operante) Verhaltensweisen, auszuüben, um das begehrte Futter zu erhalten. Dabei führten die Tiere die zum Erfolg führende Handlung zuerst einmal zufällig aus, während sie den Käfig in der artgemäßen Weise explorierten. Die erfolgreiche Reaktion wurde durch Futtergabe bekräftigt, und deshalb in Zukunft häufiger ausgeführt.

Verschiedene Abwandlungen des Versuchsaufbaus sind nun denkbar, etwa die, daß das Tier mehrere Zielbewegungen ausführen und lernen muß, ehe der Erfolg eintritt, so daß schließlich ganze Verhaltenssequenzen gelernt werden. — Berühmt geworden sind auch die Skinnerschen Versuche zum sogenannten Ausformungslernen (engl.: shaping), bei dem das Tier in »sukzessiver Annäherung« an ein entfernteres Ziel bereits für richtige Teilschritte belohnt wird.

Im Prinzip lernt das Individuum, in einer konstanten Reizsituation diejenige Verhaltensweise von vielen möglichen auszuwählen, die erfolgreich ist. Es handelt sich also um eine Modifikation vorhandenen Verhaltens, wobei das kritische Verhalten erst einmal spontan auftreten muß. Neues Verhalten wird auf diese Weise kaum gelernt (mit Ausnahme des erwähnten Ausformungslernens).

Wie in einem früheren Kapitel bereits erwähnt, finden diese Lernprinzipien ihre konsequenteste Anwendung beim Menschen in der Verhaltenstherapie. Sprachschwache Kinder werden für richtiges Sprechen systematisch belohnt, gehemmte

Kinder für Anzeichen von Selbstbehauptung, kontaktgestörte Kinder bei dem Versuch, soziale Beziehungen aufzunehmen etc.

Notwendige Bedingungen des Verstärkungslernens sind *innerhalb des Individuums* einmal die Existenz der erwünschten Reaktion, zum anderen eine Befriedigung verschaffende Aktivität des Organismus.

Außerhalb des Individuums müssen Ereignisse vorhanden sein, die wiederholt und in kurzen Zeitabständen nach den selegierten Verhaltensweisen auftreten und daneben eine befriedigende Wirkung auf den Organismus des Individuums haben.

Als *allgemeine Phänomene* dieses Lernprinzips sind anzusehen:

Verstärkung: Ein Ereignis, das Befriedigung nach einer erfolgreichen Reaktion verschafft

Löschung: (= Extinktion) Ausbleiben der Verstärkung an gewohnter Stelle

Generalisierung: Verallgemeinerung auf ähnliche Reizgegebenheiten sich ebenso zu verhalten, auch: Verallgemeinerung auf ähnliche Reaktionen

Diskrimination: Gezieltes Auswählen von Reizen, auf die ein verstärktes Verhalten folgt

Belohnung (engl. reward): Ein Stimulus, der eine Verstärkung herbeizuführen in der Lage ist

Motivation (engl. drive): Auslösender Zustand des Organismus, der Aktivitäten ausrichtet

Gewohnheit (engl. habit): Automatisierte gelernte Reaktionen auf Reizsituationen.

Beim instrumentellen Konditionieren ist nun zwischen solchen Lernprozessen zu unterscheiden, durch die eine Steigerung des Verhaltens bewirkt wird, und anderen, durch die eine Verminderung des Verhaltens eintritt.

82

ad 1.: Eine Steigerung von Verhaltensraten kann zunächst dadurch erfolgen, daß auftretende Verhaltensweisen konsequent belohnt werden (= Belohnungslernen). Ein vermehrtes Verhalten ist aber auch bei negativen Konsequenzen zu beobachten, indem das Individuum lernt, ihnen auszuweichen (= Vermeidungslernen).

ad 2.: Verhaltensweisen können dadurch in ihrer Häufigkeit vermindert werden, daß die gewohnten positiven Konsequenzen dem Individuum vorenthalten werden (= Verstärkerentzug). Weiterhin treten geringere Verhaltensfrequenzen dann auf, wenn dem Verhalten unangenehme Konsequenzen folgen (= Bestrafungslernen); schließlich kann der Verstärker überhaupt nicht mehr zur Verfügung stehen, so daß es zu einer Löschung (= Extinktionslernen) kommt.

4.2.4. Modellernen

Wie oben bereits betont wurde, kann man mit den bisher erörterten Lernprinzipien nicht alle Lernvorgänge erklären, insbesondere nicht das Auftauchen völlig neuer Verhaltensweisen (sofern sie nicht auf Reifungsvorgänge zurückgehen). Dazu verhilft nun ein anderes Lernprinzip, das Modellernen (auch: Imitationslernen = *vicarious conditioning*). Im Prinzip handelt es sich dabei um eine Lernform, die auf pädagogischer Seite längst als Vorbild-Lernen bekannt war (dort allerdings in etwas anderer Bedeutung verstanden), die aber relativ spät erst mit den Untersuchungen von BANDURA und WALTERS (1963) in die Lernforschung integriert wurde, da zunächst die theoretischen Grundlagen weniger einsichtig waren. Worauf das Nachahmungslernen letzten Endes zurückgeht, ist allerdings noch immer nicht geklärt, wenn auch vereinzelte Erklärungsversuche vorliegen. Offensichtlich kann es auf einfache Mechanismen der Verstärkungstheorien nicht zurückgeführt werden, da die nach einem Modell erworbenen Verhaltensweisen sehr schnell und ohne Übung realisiert werden können. Außerdem läßt sich experimentell nachweisen, daß nach diesem Prinzip gelerntes Verhalten auch beibehalten wird, wenn es nicht mehr verstärkt wird.

BANDURA und WALTERS (1963) nehmen an, daß die wichtigsten Lernbedingungen das Lernmodell selbst sowie das Lernindividuum sind.

Wie gut imitativ gelernt wird, hängt auf seiten des Individuums von seiner Lerngeschichte ab; so ist bekannt, daß bestimmte Erziehungsstile die Übernahme bestimmten Modellverhaltens begünstigen (z. B. Vermittlung von Abhängigkeits- und Inkompetenzeinstellungen).

Das Modell auf der anderen Seite muß einige Charakteristika aufweisen, damit es unter dem im Individuum gegebenen Bedingungen übernommen werden kann. Diese Voraussetzungen im Modell betreffen: Beliebtheit, Tüchtigkeit, Legitimierung des sozialen Status, Persönlichkeitsstruktur.

Nach SECORD und BACKMAN (1964, S. 532) wird ein Modell um so eher übernommen,

wenn es den Lernenden häufig belohnt oder selbst belohnt wird,

wenn es positive Zuwendung vermindern oder bestrafen kann,

wenn es große soziale Machtbefugnisse hat,

wenn es um seinen Sozialstatus beneidet wird, und

wenn sich das lernende Individuum in irgendeiner Weise als ähnlich erlebt (Identifikationserleichterung).

Modelle können durch alle möglichen Kommunikationsträger vermittelt werden (Bild, Ton, Schrift) oder leibhaftig in der Umgebung des Individuums repräsentiert sein. In diesem Fall begünstigt ein warmes emotionales Verhältnis zu ihm das Lernen.

84

Zusammenfassend ist festzustellen, daß das Imitationslernen gegenüber anderen Lernprinzipien dem Individuum einige Vorteile bietet:

— Schnelligkeit des Lernvorganges
— Geringerer Lernaufwand
— Lernen komplexerer Verhaltensweisen
— Gefahrlosere Aneignung (vgl. mit Versuch-Irrtums-Lernen)
— Lernen ohne äußeren Druck und Zwang (vgl. mit Instruktionslernen)

Die Bedeutung des Modellernens für Unterricht und Therapie wird daraus unmittelbar evident.

4.2.5. Anwendung der Lernprinzipien auf die kind-zentrierte Spieltherapie

Wenn nun versucht wird, die Lernmechanismen innerhalb der kind-zentrierten Spieltherapie aufzudecken, könnte leicht der Eindruck entstehen, als entferne man sich damit vollständig von den Vorstellungen von ROGERS.

ROGERS selbst jedoch schrieb 1951:

»Es sollte darüber hinaus klar sein, daß das, was hier beschrieben worden ist, einen Lernprozeß darstellt, den wichtigsten Lernprozeß, zu dem das Individuum imstande ist, nämlich das Erlernen des Selbst. Es steht zu hoffen, daß diejenigen, die sich speziell mit Lerntheorien beschäftigen, auch beginnen, das Wissen dieses Gebiets bei der Beschreibung der Art und Weise zu benutzen, in der das Individuum eine neue Konfiguration des Selbst erlernt« (1973, S. 447).

Auf die Grenzen des Selbst-Konzeptes von ROGERS wurde oben hingewiesen; immerhin sieht ROGERS aber zum damaligen Zeitpunkt die Möglichkeit, lerntheoretische Theoreme einzuführen. Bisher ist es allerdings nicht gelungen, die vermutlich relevanten Lernvorgänge in einem einheitlichen Lernmodell zu integrieren, so daß sie noch einigermaßen beziehungslos nebeneinander stehen.

Im Rahmen von lerntheoretischen Ansätzen ist das unangepaßte kindliche Verhalten als persistierende, gelernte Gewohnheit definiert. Für eine potentielle Therapie folgert daraus, daß alte Gewohnheiten abzubauen und/oder neue Gewohnheiten aufzubauen sind. Der oben eingeführten Terminologie gemäß sind Therapiebedingungen als *Gegenkonditionierungen* und *Neukonditionierungen* zu verstehen.

Der von WOLPE (1966) gefundene wichtigste Gegenkonditionierungsvorgang ist die sog. *reziproke Hemmung*. Sie funktioniert nach dem Paradigma klassischen Konditionierens:

Wird auf einen Reiz, dem normalerweise eine gelernte »gestörte« Reaktion folgt, ein anderes Reiz-Reaktions-Paar wiederholt ausgelöst, das mit dem ersten unvereinbar ist, so wird die erste Reaktion gelöscht.

Nach diesem Prinzip wurden in der Verhaltenstherapie bisher recht erfolgreich Angstzustände behandelt; z. B. bekamen Kinder in Gegenwart des angstauslösenden Objekts ihre Lieblingsspeise gereicht.

Im Rahmen der kind-zentrierten Spieltherapie ist nun anzunehmen (d. h. keinesfalls durch entsprechende Untersuchungen bewiesen), daß auch hier angstauslösende Reize zu neutralen oder gar positiven Signalen modifiziert werden.

Zu denken ist dabei an Kinder, für die bestimmte Reize der Spielsituation angstauslösenden Charakter haben, weil sie mit entsprechenden Erfahrungen verknüpft sind.

Konkret könnte es ein Kind betreffen, das aufgrund einschlägiger Erfahrung Angst vor seinem Vater hat, und diese Angst auf Männer allgemein generalisiert. In der Therapie würde die akzeptierende Art des Therapeuten mit dieser Gewohnheitsreaktion nicht übereinstimmen (im Sinne des obigen Modells inkongruent sein). Das Therapeutenverhalten würde also als angstauslösender Stimulus nicht mehr interpretiert werden können, so daß allmählich die gelernte Reaktion *gehemmt* wird.

Je nach Symptomatik können jedoch auch andere Aspekte der Therapiesituation bei einem ängstlichen Kind Gegenkonditionierungsvorgänge auslösen (etwa: die Atmosphäre des Gewährenlassens, die ein Kind noch nie erlebt hat).

Eine noch weit wichtigere Situationsvariable scheint in vielen Fällen wirksam zu werden: Die wichtigste Aktivität des Kindes ist ja das Spielen. Bedenkt man nun den hohen Befriedigungswert, der mit dem Spielen einhergeht, so liegt dessen angsthemmende Wirkung auf der Hand.

Als Spezialfall der reziproken Hemmung können die sogenannte *reziproken Affekte* gelten, die immer dann auftreten, wenn Affekte der einen Person ähnliche Affekte bei einer anderen Person auslösen. So kann das Lächeln des Therapeuten insofern ansteckend wirken, als es unerfreuliche Gefühle des Kindes hemmt und entgegengesetzte Affekte bei ihm auslöst.

Aus der Verhaltenstherapie ist bei ängstlichen Patienten der effektive Einsatz der systematischen *Desensibilisierung* bekannt, einer Technik, bei der sich der Patient schrittweise mit Hilfe von Entspannungsübungen durch eine (teilweise von ihm selbst erstellte) Angsthierarchie tastet. In der Spieltherapie kann von einer solchen Systematik nicht die Rede sein; denn die Zurückhaltung des Therapeuten überläßt es ganz dem Kind, wie weit es sich angstauslösenden Reizen aussetzen möchte. Insofern kann man also von einer unsystematischen Desensibilisierung sprechen.

Die hier aufgezählten »klassischen« Konditionierungsvorgänge werden mitunter in ihrer Wirksamkeit verkannt, weil sie fast unmerklich erfolgen.

Noch wirksamer werden i. a. jedoch die instrumentellen Lernaspekte der Spieltherapie sein.

Nach dem Konzept von ROGERS und AXLINE hat der Therapeut die Aufgabe, vom Klienten geäußerte Gefühle zu reflektieren. Lerntheoretisch bedeutet dies eine *verbale Konditionierung*, zu der es aus der experimentellen Psychologie einige gesicherte Befunde gibt. Es hatte sich nämlich gezeigt, daß sich im Experiment die verbalen Äußerungen von Versuchspersonen inhaltlich und formal durch kaum merkliche Versuchsleiterreaktionen beeinflussen lassen, etwa durch ein zustimmendes »ja«, »mmh«, o. ä. Solche verbalen Verstärkungen eines Versuchsleiters wirken sich — nach dem Effektgesetz — so aus, daß die so verstärkten Äußerungen der Versuchspersonen gehäufter auftraten. In einem therapieähnlichen Experiment mit erwachsenen Versuchspersonen konnte auf diese Weise nachgewiesen werden, daß Äußerungen, die zur Inhaltsklasse »Selbstreferenzen« gehören, sich erwartungsgemäß vermehrten, wenn ein Versuchsleiter sie bekräftigte (J. M. ROGERS, 1960). Nach diesem experimentellen Paradigma geht der Therapeut auch in der kind-zentrierten Spieltherapie vor, indem er verbal und mimisch bestimmte Verhaltensweisen des Kindes bekräftigt. Ein wichtiger Teil solcher kindlichen Äußerungen sind auch Selbstreferenzen (z. B. »Das habe ich gut hinbekommen!«).

Übrigens ließe sich, falls Selbstreferenzen sich als in Beziehung stehend zum Therapieerfolg nachweisen lassen, eine Indikation für die kind-zentrierte Spieltherapie ableiten und operational fassen: Für solche Kinder ist diese Art der Behandlung geeignet, die im Vergleich zu einer definierten Vergleichsgruppe *zu wenig* Selbstreferenzen in definierten Situationen äußern.

Um im Rahmen des oben explizierten Modells zu bleiben, ließe sich als Therapieziel folgern: Möglicherweise kommen kindliche Klienten auf diese Weise — etwa durch angemessenere intrapersonelle Kommunikation (TAUSCH 1972) — zu

88

einem neuen Selbstverstärkungssystem, indem ihr Lerndefizit durch zunehmendes eigenes Feedback zu stabileren Selbstkontrollmechanismen ausgebaut wird.

Bedenkt man, daß das Kind in der Stunde oftmals ein exploratives Versuch- und Irrtum-Verhalten zeigt und u. U. auch verbalisiert, und daß der Therapeut mit seinen Verbalisierungen dieses ebenfalls verstärkt (etwa: »Du weißt nicht, ob du es tun sollst oder nicht«), kann man annehmen, daß das operante Verhalten des Kindes an sich verstärkt wird. (Wir hatten bereits oben darauf hingewiesen, daß im Sinne von AXLINE solche Äußerungen des Therapeuten eigentlich nicht fallen dürften, daß sie aber in der Praxis gar nicht zu umgehen sind.) Wenn sich eine solche Annahme experimentell bestätigen lassen würde, und wenn auch dieses kindliche Verhalten in Beziehung zum Therapieerfolg stehen sollte, würde sich eine weitere Indikation für kind-zentrierte Spieltherapie daraus ableiten lassen: In solchen Fällen wäre die Behandlung indiziert, bei denen zu wenige operante Verhaltensweisen auftreten.

Die bisher diskutierten instrumentellen Lernvorgänge bei einer Therapie betrafen vor allem den Aufbau neuer Verhaltensweisen. Es können auch andere operante Verhaltensweisen und Lernvorgänge angenommen werden, durch die ein Abbau bewirkt wird. (Löschungsvorgänge durch Ausbleiben der gewohnten Konseqenzen, z. B. Abbau von Meidungsverhalten durch den Wegfall von negativen Verstärkern.)

Schließlich ist noch auf jene Lernvorgänge innerhalb der kind-zentrierten Spieltherapie zu verweisen, die — darin den klassischen Konditionierungen ähnlich — fast unmerklich ablaufen: die Imitationslernvorgänge.

Gemeint ist damit, daß das Kind u. U. den Therapeuten als Verhaltensmodell akzeptiert und deshalb nachahmt. So könnte der Therapeut ein Modell für Konfliktlösungen sein, falls Konflikte von ihm angemessen, nicht-aggressiv gelöst werden (z. B. in der Gruppentherapiesituation).

89

Ganz allgemein könnte er ein Modell für Ruhe, Freundlichkeit, für das Akzeptieren von Gefühlen anderer sein und überhaupt als Vorbild für den intellektuellen, sozialen und emotionalen Bereich dienen. Wie aus dem vorigen Abschnitt hervorging, muß er allerdings ganz bestimmte Qualitätsmerkmale aufweisen, bevor er vom Kind als Modell akzeptiert werden kann. Dieser in der Praxis oft nicht beachtete Aspekt könnte verantwortlich dafür sein, daß manche Therapieverläufe nicht als zufriedenstellend eingeschätzt werden.

TAUSCH und TAUSCH (1970, S. 56 f.) haben für die Gruppenspieltherapie herausgestellt, daß auch Kinder als Beobachtungsmodelle fungieren können:

»Die günstigen Effekte sog. Spieltherapien, insbesondere der klient-bezogenen Kinderpsychotherapie (AXLINE, 1947; DORFMAN, 1951; TAUSCH und TAUSCH, 1956) bei extrem schüchternen, gehemmten Kindern sind vermutlich wesentlich darauf zurückzuführen, daß in der extrem permissiven Spielatmosphäre die Aktivität und leichte Aggressivität — im Anfang zumindest von einzelnen Kindern — stark gefördert wird; ihr zunehmend ungehemmtes Verhalten ist den anderen Kindern ein stimulierendes Beobachtungsmodell für freieres Verhalten. Unsere Erfahrungen aus früheren Untersuchungen zur Kinderpsychotherapie, daß sich 1—2 sog. normal agierende, ungehemmte, aktive Kinder in einer Gruppe von 6—8 gehemmten, schüchternen Therapiekindern sehr günstig auswirken, führen wir auf die Beobachtungseffekte durch Verhaltensmodelle zurück. Wir nehmen ferner an, daß sich 2—3 sog. normal agierende ältere Kinder günstig in einer Gruppe von etwa 4 sich unsozial und aggressiv verhaltenden Kindern jüngeren Alters auswirken können.«

Abschließend muß betont werden, daß die experimentelle Fundierung im Sinne lerntheoretischer Erwägungen bisher nicht abgesichert ist, so daß sich hier ein breites Forschungs-

90

feld eröffnet. Andererseits ist die Einführung lerntheoretischer Konzepte zur Erklärung der recht komplexen Therapieeffekte zweifellos nützlich.

Man mag bezweifeln, ob eine künftige Integration aller möglichen Lernkonzepte in ein einheitliches Therapiemodell das Therapiegeschehen in seiner Gesamtheit abzudecken vermag; dann allerdings müßte man überlegen, ob es andere theoretische Systeme gibt, die die Sachverhalte gewinnbringender aufzuklären imstande sind (z. B. Rollentheorien, Feldtheorien).

4.3. Empirische Fundierung der kind-zentrierten Spieltherapie

4.3.1. Methoden der Therapieforschung

Bevor wir uns den Forschungsergebnissen der kind-zentrierten Spieltherapie zuwenden, sollten wir einen Einblick in die wichtigsten Methoden der Therapieforschung gewinnen, um die einschlägigen Untersuchungen kritisch-distanziert bewerten zu können.

Erst seit jüngerer Zeit werden Psychotherapien systematisch untersucht. Früher war man der Meinung, daß empirische Untersuchungen in diesem Bereich nicht sinnvoll seien, weil jede Therapeut-Klient-Beziehung einzigartig und nomothetisch nicht faßbar sei. Die intensiven Forschungsbemühungen der letzten Jahrzehnte insbesondere im angloamerikanischen Raum haben jedoch gezeigt, daß sich sehr wohl Gesetzmäßigkeiten auffinden lassen, und daß man psychotherapeutische Prozesse vergleichen, messen und überhaupt einer empirischen Kontrolle zugänglich machen kann.

Untersuchungstechnisch wird ein Therapieprozeß wie jedes andere psychologische Experiment behandelt.

SELG definiert ein Experiment als »die absichtliche, planmäßige Auslösung eines Vorgangs . . ., der objektiv beobachtet werden soll« (1966, S. 31).

Nach WUNDT ist ein psychologisches Experiment durch Willkürlichkeit (der Herstellung von Bedingungen), Wiederholbarkeit und Variierbarkeit (der Bedingungen) gekennzeichnet (1913). Das Ziel ist, die Beziehungen zwischen Bedingungen und Ergebnissen herauszufinden. Versuchsfehler können allerdings als unkontrollierte Größen eingehen; ein guter Versuchsplan zeichnet sich vor allem dadurch aus, daß diese minimiert werden.

Mit solchen zufälligen Einwirkungen ist bei psychotherapeutischen Prozessen in noch stärkerem Maße zu rechnen, weil wesentlich weniger Variablen als bei Versuchen im psychologischen Laboratorium kontrolliert werden können. So können veränderte Lebensumstände, neue Kommunikationen etc. bereits Veränderungen hervorrufen, die dann u. U. fälschlicherweise als Therapieeffekte interpretiert werden. Bei Untersuchungen des Therapieprozesses könnten rein äußerliche Merkmale (Uhrzeit, Raumausstattung, Kleidung des Therapeuten etc.) wirksam sein, die dann allerdings als Versuchsfehler eingehen, wenn sie nicht kontrolliert werden.

Daraus ergibt sich, daß man bei Untersuchungen in diesem Bereich sehr genau auf Fehlerquellen achten muß; man muß möglichst viele Variablen einbeziehen, um die Zufallswirkungen von den experimentellen Bedingungen abzuheben und um die tatsächlichen Effekte der Behandlung herauszufinden. Eine erhebliche Hilfe bietet daneben die Technik, Kontrollgruppen einzubeziehen.

Man unterscheidet Eigen- und Fremdkontrollgruppen. Unter Eigenkontrolle versteht man das wiederholte Messen einer Therapiegruppe. So kann man Klienten z. B. zu drei Zeitpunkten mit denselben Verfahren untersuchen, und zwar einige Wochen und unmittelbar vor der Therapie sowie danach. Die Therapieeffekte ließen sich so abschätzen, indem man die Meßwerte der Wartezeit (1. und 2. Zeitpunkt) mit denen der Behandlungszeit (2. und 3. Zeitpunkt) vergleicht. In ähnlicher Weise könnte man auch Langzeitwirkungen erheben. Eigenkontrollgruppen bieten zwar den Vorteil, daß weitere Versuchspersonen nicht benötigt werden; Probleme ergeben sich jedoch durch die wiederholten Messungen und dadurch, daß so meist andere Einflüsse, die während der Therapie neben den kontrollierten Bedingungen noch eingehen, nicht berücksichtigt werden. Das Fremdkontrollgruppenprinzip hilft hier in gewisser Weise weiter.

Im Prinzip sieht der Versuchsplan dann so aus, daß eine Therapiegruppe behandelt und eine vergleichbare Kontrollgruppe nicht behandelt wird. Beide Gruppen werden — wie oben — zu verschiedenen Zeiten mit denselben Verfahren untersucht und miteinander verglichen. Damit beide Gruppen einigermaßen streng parallelisiert sind, kann man so vorgehen, daß man aus einer größeren Zahl zufallsmäßig Klienten mit ähnlichen Meßwerten auf relevanten Skalen einer Warte- bzw. einer Therapiegruppe zuteilt.

Man muß sich allerdings darüber im klaren sein, daß auch das Fremdkontrollgruppenprinzip nur ein Annäherungsverfahren darstellt, Versuchsfehler zu reduzieren. Tatsächlich nämlich verändern sich auch Kontrollgruppen während der Therapieperiode, ohne daß sie behandelt werden. Einen Teil der dabei auftretenden Veränderungen und Heilungseffekte kann man durch sog. »spontane Remissionen« erklären.

Spontanremission bedeutet, daß eine Besserung ohne therapeutischen Einfluß auftritt, was dadurch erklärt werden kann, daß bestimmte Umwelteinflüsse (z. B. Freunde, Geistliche, Ärzte) therapeutisch wirksam werden. EYSENCK nimmt als Verhaltenstherapeut sogar an, daß noch nicht voll entwickelte Neurosen geradezu die Tendenz zeigen, spontan zu remittieren, denn die ursprünglichen traumatischen Ereignisse (= unbedingte Reize) treten immer seltener auf und können dadurch eine Löschung des fehlangepaßten Verhaltens auslösen (EYSENCK und RACHMAN, 1967, S. 16).

Das Grundproblem aller Untersuchungen in diesem Bereich ist also, daß nur sehr schwer zwischen Spontanremissionen und Remissionen aufgrund therapeutischer Eingriffe unterschieden werden kann. Diesbezügliche Entscheidungen könnten also nur approximativ über die Anwendung abgewogener Versuchspläne erfolgen. Komplexere Versuchsanordnungen müßten verschiedene Patientengruppen, verschiedene Therapeuten, verschiedene Zeiträume einbeziehen (vgl. das sogenannte Gittermodell von KIESLER, 1966). Es wird also in der Regel nicht untersucht werden können, ob eine bestimmte Art therapeutischen Vorgehens generell wirksam ist, vielmehr sollten eindeutig definierte therapeutische Variablen zu klar abgegrenzten Klientengruppen (etwa mit Hilfe einer Cluster-Analyse) in Beziehung gesetzt werden.

Wenn man von vielschichtigen Eingangsbedingungen ausgeht, wird man auch mit vielschichtigen Therapieeffekten rechnen müssen, woraus ganz bestimmte Konsequenzen für die statistische Analyse der erhobenen Daten folgen (multivariate Auswertungsmethoden).

Damit wird nun die Frage angeschnitten, wie man überhaupt zu Daten kommt.

Bekanntlich unterscheidet man zwischen L-, Q- und T-Daten.

»Mit Hilfe von L-Daten (life record) beschreibt man die Individuen zur Hauptsache in der Alltagssituation (every day-life situation). Diese Daten resultieren zumeist aus Fremdbeurteilungen (etwa durch Lehrer, Vorgesetzte usf.), aber auch aus Erhebungen über objektive Lebensdaten (Geschwisterzahl, Zahl der Unfälle der letzten 3 Jahre usf.). Q-Daten (questionnaire data) sind solche, die man aus der Selbstbeurteilung des Individuums, zumeist mit Hilfe von Fragebogen oder Interviews, gewinnt. Hier treibt das befragte Individuum ›Introspektion‹ (›Selbstbeobachtung‹). T-Daten (test data) resultieren aus objektiven Tests. Hier

94

beurteilt sich das Individuum nicht selbst (= Q-Daten), vielmehr verhält es sich in einer Testsituation in spezifischer Weise, es leistet etwas, braucht für seine Leistung eine bestimmte Zeit, usf.« (HERMANN, 1969, S. 165).

Im Rahmen der Kindertherapieforschung ist es wünschenswert, aus möglichst vielen Quellen Daten zu schöpfen, wie bereits betont wurde. Wenn jedoch *Veränderungsmessungen* gemacht werden sollen, wird man entsprechende L-, Q- und T-Daten auszuwählen haben.

L-Daten
Beim heutigen Stand der Entwicklung verwendbarer Forschungsquellen scheinen L-Daten noch immer die bedeutendste Rolle zu spielen, sie betreffen die Verhaltensbeobachtung und -beurteilung des Probanden, sofern es sich um Veränderungsmessungen handelt. Verhaltenstherapeuten verwenden Beobachtungen als wichtigste Kontrollkriterien ihres Vorgehens, bei ihnen ist der Therapieerfolg über die zahlenmäßige Fixierung des Verhaltens vor und nach der Modifikation definiert. KANFER und SASLOW (1969) schlugen vor, konsequent die folgenden Verhaltensbereiche vor einer einzuleitenden Modifizierung zu erheben: Problemverhalten, Motivationsanalyse (in verhaltenstheoretischer Sicht), Entwicklungsanalyse, Analyse der Selbstkontrolle und Analyse der sozialen Beziehungen (Verhaltenserwartungen und -verstärkungen).

Für die Forschung im Bereich der kind-zentrierten Spieltherapie sollte man fordern, daß die interessierenden Verhaltensbereiche in der von KANFER und SASLOW vorgeschlagenen Weise erhoben werden, da hier ebenfalls der Therapieerfolg über Verhaltensänderungen des Kindes — zumindest teilweise — definiert ist.

Schon länger wurde dagegen die Zufallsbeobachtung innerhalb und außerhalb der Therapie als Datenquelle einbezogen. Allerdings handelt es sich dabei um sehr unzuverlässige Maße, so daß Zufallsbeobachtung als Methode eigentlich nur dann legitimerweise angewendet werden dürfte, wenn es in einem ersten Schritt um das Aufsuchen des problematischen Verhaltens und um das Finden von Hypothesen geht.

Systematische Beobachtungen dagegen haben sich als zuverlässiger erwiesen; denn die Verwendung von Beobachtungskategorien erleichtert nicht nur die Fixierung auftretenden Verhaltens, sondern auch die Bestimmung der Objektivität zwischen verschiedenen Beobachtern. Man kann fortlaufend und intermittierend beobachten, qualitativ oder quantitativ vorgehen. Schließlich gibt es die Möglichkeit, den Beobachter einen Verhaltensfragenkatalog beantworten zu lassen.

Verhaltens*beurteilungen* beziehen — im Gegensatz zu Verhaltensbeobachtungen — bewußt wertende Gesichtspunkte ein. *Freie* Verhaltensbeurteilungen haben sich nicht als günstig erwiesen, Beurteilungsskalen dagegen erleichtern nicht nur die Einschätzung (insbesondere, wenn die Skalenpunkte verbal verankert sind), sondern führen auch zu weiter verwendbaren quantitativen Maßen. Beurteilt werden kann auf geeigneten Skalen sowohl das Verhalten des Klienten wie des Therapeuten.

Eine bekannte und gut anwendbare Skala zur Einschätzung der sozialen Reife jüngerer Kinder ist die »Vineland-Social-Maturity-Scale« (VSMS) von DOLL (1953; deutsch in: EGGERT, 1970). (Weitere L-Datenquellen: Kontrollisten, Q-Sort.) Verhaltensbeobachtungen und -beurteilungen können sehr wertvolle Datenquellen sein, wenn sie methodisch einwandfrei erhoben worden sind, d. h., wenn die bekannten Beobachtungs- und Beurteilungsfehler weitgehend ausgeschaltet worden sind. Nötigenfalls müßte ein entsprechendes Training der eigentlichen Untersuchung vorausgehen.

Wenn Beobachter und Beurteiler um das Untersuchungsziel wissen, wirken Einstellungen und Erwartungen verzerrend, wie sich in vielen Untersuchungen herausgestellt hat (vgl. Literaturzusammenfassung von SCHUSSER, 1972). Deshalb

96

sollte versuchsplanerisch ein sogenannter »Blindversuch« in die Wege geleitet werden: Beobachtungshelfer würden dann nicht wissen, welche Hypothesen der Untersucher bestätigen möchte, welche Kinder behandelt werden, wie die Behandlungen aussehen, usw.

Q-Daten

Die Selbstbeobachtungen und -beurteilungen von Probanden und Therapeuten können über Explorationen und Fragebogen eingeholt werden. Besonders schwierig gestaltet sich in der Regel die Befragung von Kindern, weil

— die Voraussetzungen (Fähigkeit zur Selbstbeurteilung, Lesefertigkeit, Frageverständnis),
— Antworttendenzen (Ja-sage-Tendenzen, Tendenzen zur sozialen Erwünschtheit, Tendenzen zur Mitte oder zu Extremen),
— Verfälschungstendenzen (Simulation — Dissimulation, Fälschen in betrügerischer Absicht: Faking),
— vorhandene Inventarien in Zahl und Art durchaus problematisch sind.

Je älter Kinder werden, desto unproblematischer wird jedoch die Anwendung von Fragebogen. Im folgenden sollen daher die gebräuchlichsten Verfahren genannt werden:

»Hamburger Neurotizismus- und Extraversionsskala für Kinder und Jugendliche« (HANES, KJ) von BUGGLE und BAUMGÄRTEL (1972) mit den Dimensionen Neurotizismus, Extraversion und Lügenskala; von 8 bis 16 Jahren anwendbar; unterschiedlich hohe Reliabilitäten in verschiedenen Altersstufen und Intelligenzgraden.

»Junior EYSENCK Personality Inventory« von Sibyl EYSENCK (1965), deutsch von BUGGLE, GERLICHER und BAUMGÄRTEL (1968); Vorläufer des HANES.

»Kinder — Angst — Test« (K-A-T) von THURNER und TEWES (1969); Messung der erlebten Ängstlichkeit; 19 Items: Grobnormen für Jungen und Mädchen ab 9 Jahre.

»Children Personality Questionnaire« (CPQ) von CATTELL (1963); auf faktorenanalytischer Basis nach dem CATTELLschen Persönlichkeitssystem konstruiert; bisher nur amerikanische Normen, doch wurde der Fragebogen ins Deutsche übersetzt.

Alle Einschätzverfahren können daneben zu Q-Daten führen, z. B. Check-Listen, Q-Sort usw. Wenn es um Expertenrating bezüglich der Therapieverläufe geht, sollten jedoch auch multi-dimensionale (im Gegensatz zu den bisher üblichen eindimen-sionalen) Skalierungsmethoden verwendet werden (TORGER-SON, 1958).

T-Daten
T-Daten sind zwar meist die zuverlässigsten Informationen. Oft betreffen sie jedoch Bereiche, die für die Therapiefor-schung von geringerem Interesse sind:

Intelligenztests
— »Hamburg-Wechsler-Intelligenztest« (HAWIK)
— »Begabungstestsystem« (BTS), »Leistungsprüfsystem« (LPS) und »Prüfsystem für die Schul- und Bildungsbera-tung« (PSB) von W. HORN
— Binet-Verfahren (Binetarium, Stanford-Binet-Intelligenz-test, Binet-Kramer-Test)
— Grundintelligenztest CFT von CATTELL, übertragen von WEISS
— Snijders-Oomen-Nichtverbale Intelligenztestreihe (SON)
— »Bildertest« (BT 1—2, 2—3) von INGENKAMP
— »Aufgaben zum Nachdenken« (AzN 4) von HYLLA und KRAAK

98

— »Frankfurter Analogietest« (FAT) von BELSER, ANGER
   und BARGMANN
— »Intelligenz-Struktur-Test« (I-S-T) von AMTHAUER

Leistungstests
— Schulleistungstests
— Schulreifetests
— Konzentrationstests:
   »d_2« von BRICKENKAMP; »Frankfurter Test für Fünfjäh-
   rige — Konzentration« von RAATZ
— Motoriktests (Lincoln-OSERETZKY-Skala; EGGERT, 1971;
   Punktieren etc.)

Zwischen L-, Q- und T-Datenquellen nehmen die folgenden
Instrumente — je nach Verwendung der Ergebnisse — eine
Mittelstellung ein:

Projektive Verfahren
— »Thematischer Apperzeptionstest« (TAT) von MURRAY
   (1958)
— »Kinder-Apperzeptionstest« (CAT) von BELLAK (1955)
— »Geschichten Vervollständigen« nach M. THOMAS
— »Rosenzweig Picture-Frustration-Study«, Kinderform
   von DUHM und HANSEN (1957)
— Satzergänzungstests, verschiedene Autoren (z. B. ROTTER
   und WILLERMAN; DORFMAN)

Die kritischen Punkte bei der Verwendung von projektiven
Verfahren betreffen die Quantifizierung der Reaktionen, die
theoretisch bisher ungeklärten Projektionsmechanismen und
die mangelhafte meß- und testtheoretische Güte.

Sozialtests
— »Gruppentest für die soziale Einstellung« (S-E-T) von
   JOERGER; für 8- bis 15jährige; Items bestehend aus 16 Pho-

99

tographien sozialer Situationen mit Kindern; Mehrfach-
wahlform als Antworttyp; gemessen werden soziale Erwünschtheit und soziale Reife; Normen für verschiedene
Alters- und Schulpopulationen.

— »Sozialer Motivationstest« (SMT) von MÜLLER; für 9- bis
14jährige; Stimulusmaterial: 24 Problemaufgaben; Stellungnahmen über zugrunde liegende Motive in Mehrfach-
wahlform; Messung sozialer Wertbegriffe.

— »Soziogramm« von MORENO; Erhebung der Beliebtheits-
bzw. Affektstrukturen einer Gruppe über Einzelbefragung
(z. B. »Neben wem möchtest Du sitzen und nicht sitzen?«);
Auswertung über Auszählung der Wahlen bzw. Nicht-
Wahlen und graphische Darstellung der Ergebnisse.

— »Familien-Struktur-Test« (F-S-T) von BENE und AN-
THONY, deutsch von FLÄMING und WÖRNER (1973); Erfassung der emotionalen Beziehung des Kindes zu seiner
Familie; Bildfiguren als Stimulusmaterial; Zuordnung von
vorgegebenen Äußerungen zu den Figuren.

Aus diesem groben Überblick über Datenquellen, die der
Therapieforschung zugänglich sind, kann man sehen, daß der
Untersucher stets vor dem Dilemma stehen wird, auf der
einen Seite zuverlässige und gültige Informationen zur Verfügung zu haben, die an sich weniger interessieren, auf der
anderen Seite jedoch die sehr relevanten Variablen nur un-
genau erfassen zu können.

4.3.2. Forschungsergebnisse der kind-zentrierten Spiel-
       therapie

Wer in der kind-zentrierten Spieltherapie nach ROGERS und
AXLINE ein ähnliches Ausmaß von Forschungsergebnissen wie
in der Gesprächspsychotherapie erwartet (vgl. etwa TAUSCH
1968), wird enttäuscht werden. Hier liegt nämlich nur eine

100

geringe Zahl methodisch akzeptabler Arbeiten vor, deren Ergebnisse in etwa als gesichert gelten können. Einige Publikationen haben eher programmatischen Charakter als wissenschaftlichen Beweiswert (s. dazu LEBO 1953).

Durch VIRGINIA M. AXLINES Übertragung der Konzepte von ROGERS (1942) in die Spieltherapie sowie die Darstellung *Play Therapy* (1947) gewann die neue Methode schnell an Attraktivität in den USA. Während der beginnenden fünfziger Jahre konnte man geradezu von einer Bewegung sprechen, die von einem neuen Glauben an die inneren Heilungskräfte und Entfaltungsmöglichkeiten des Individuums getragen wurde.

Empirische Untersuchungen hätten diesen Glauben leicht erschüttern können, wenn nicht in das Konzept passende, breite Falldarstellungen als vermeintliche Beweise den Blick für methodisch exaktes Vorgehen getrübt hätten. So setzte sich eine stärkere empirische Kontrolle der kind-zentrierten Spieltherapie erst allmählich durch.

Die Untersuchungen lassen sich grob folgendermaßen klassifizieren:

1. Untersuchungen, die den Erfolg, die Effektivität der nichtdirektiven Therapie zu überprüfen versuchten, indem das Verhalten des Kindes am Beginn und am Ende der Therapie erfaßt, verglichen und auf mögliche positive Änderungen abgetastet wurde (= *Ergebnisstudien*).
2. Untersuchungen, die während der Therapiesitzungen ablaufende Prozesse und Prozeßveränderungen zu erhellen beabsichtigten, z. B. das sich während der Behandlung wandelnde Kind-Therapeut-Verhältnis (= *Prozeßstudien*).

Beide Kategorien zeigen Untersuchungsschwerpunkte auf und dienen damit der Orientierung. Zur Beurteilung des therapeutischen Geschehens insgesamt müssen jedoch beide Aspekte, sowohl Prozeß als auch Ergebnis, herangezogen werden.

Zunächst wollen wir uns den Ergebnisstudien zuwenden,

die effektive Verhaltensänderungen bei Kindern durch die nicht-direktive Spieltherapie nachzuweisen suchten. Dann folgt die Darstellung der Prozeßstudien, also der Untersuchungen von Vorgängen während der laufenden Therapie.

4.3.2.1. Ergebnisse zur Effektivität einer kind-zentrierten Spieltherapie

Die empirische Überprüfung der Wirksamkeit einer kindzentrierten Spieltherapie umfaßte die verschiedenartigsten Störungen: intellektuelle Defizite, Leseschwächen, soziale Kontaktschwierigkeiten, emotionale Probleme, Persönlichkeitsstörungen allgemeiner Art, Allergien und körperliche Behinderung.

Ältere Untersuchungen
Minderbegabung: AXLINE (1949) stellte einige von ihr behandelte Fälle zusammen, die wegen Verhaltens-, Sprach- und emotionalen Problemen auffällig geworden waren. Sie hatte die Kinder zu Beginn und am Ende der Therapie mit dem Stanford-Binet-Intelligenzverfahren getestet. Im Nachhinein stellte sie fest, daß die Intelligenzleistungen von unterdurchschnittlich begabten Kindern teilweise verbessert worden waren, bei durchschnittlich intelligenten Kindern dagegen konnte sie keinen Leistungsanstieg konstatieren. Im Sinne von ROGERS interpretierte sie die aufgetretenen Veränderungen als Persönlichkeitsreorganisation. Zu Recht betonte sie jedoch den Erkundungscharakter ihrer Studie, da Hypothesen weder expliziert noch überprüft worden waren.

Leseschwächen: Die vorliegenden Ergebnisse zeigen Verbesserungen von Lesefertigkeiten nach einer Spieltherapie in den Fällen, bei denen Leseschwierigkeiten durch emotionale Probleme mitbedingt schienen.

102

AXLINE (1947) verzeichnete Leistungsanstiege im Lesen, gemessen mit dem »Gates-Primary-Reading-Test«, bei Zweitkläßlern, die multikonditionale Störungen aufwiesen (z. B. häusliche Probleme, Linkshändigkeit, Augenfehler, Sprachdefekte, niedrige Intelligenz etc.). 37 Kinder hatten einen kind-zentrierten Unterricht erhalten, bei dem die Möglichkeit zum Spielen, Basteln, Gespräch mit der Therapeutin, und auch zur freiwilligen Teilnahme an Leseübungen gegeben war. Von diesen 37 Kindern erzielten 23 bessere Leseleistungen in drei objektiv erhobenen Lesefähigkeitskriterien.

Der Zuwachs in dieser kognitiven Fähigkeit ist nach AXLINE auf eine veränderte Leistungsmotivation (in heutiger Terminologie), also auf eine erhöhte Lesebereitschaft zurückzuführen. Im Rahmen der Kindertherapie läßt sich dieses Ergebnis nur schwer verallgemeinern, weil es sich eigentlich um eine Untersuchung von Wirkungen eines bestimmten Lehrstils handelte, eine Vergleichsgruppe zu Kontrollzwecken nicht herangezogen und eine statistische Absicherung nicht vorgenommen worden war.

BILLS (1950 a) ermittelte den Lesefertigkeitsstand bzw. -rückstand über die Bildung eines Index' aus Intelligenz- und Leseleistung (Differenzwert aus Intelligenz- und Lesealter). Vier bis sechs Einzel- und ein bis drei Gruppenkontakte genügten nach seinen Angaben, um bei 7 bis 9 Jahre alten, durchschnittlich bis hoch intelligenten Kindern die Lesefähigkeit und z. T. auch die »emotionale Anpassungsfähigkeit« zu verbessern. Da BILLS bei einer Kontrolluntersuchung (BILLS, 1950 b) mit emotional angepaßten Kindern *keine* Verbesserung der Lesefertigkeiten nachweisen konnte, war zu schließen, daß die Leseprobleme der ersten Untersuchungsgruppe auf emotionale Konflikte zurückzuführen waren, die offensichtlich durch die Therapie erfolgreich behandelt worden waren.

Beide Untersuchungen zeichnen sich durch einen recht anspruchsvollen Versuchsplan (vier Datenerhebungen), durch

103

hohe Durchführungs- und Auswertungsobjektivität (Tonbandprotokollierung; Kontrolle des Leseunterrichts durch unabhängige Beobachter) aus. Allerdings werden die Ergebnisse nicht ohne weiteres generalisiert werden dürfen, weil es sich bei den Versuchspersonen um angefallene Stichproben von nur geringem Umfang gehandelt hatte; zudem hatte ein Kontrollgruppenmatching nicht stattgefunden.

Soziale Anpassungsschwierigkeiten: AXLINE behandelte (1948) 6, 7 und 8 Jahre alte Kinder spieltherapeutisch, die erhebliche soziale Kontaktschwierigkeiten aufwiesen, teilweise extrem gehemmt, teilweise sehr aggressiv waren. AXLINE modifizierte das gängige Verfahren insofern, als sie vom 10. Kontakt an die Gruppen für jede Sitzung neu zusammenstellte, mit dem Ziel, die soziale Anpassungsfähigkeit zu verbessern.

Aus den therapeutischen Sitzungen resultierten dann tatsächlich geringere Ablehnung und zunehmende Integration, insbesondere bei farbigen Kindern mit niedrigem Sozialstatus.

AXLINE sah so eine Möglichkeit, Rassenprobleme über den inneren Bezugsrahmen von Individuen zu lösen.

Auch nach dem von ihr erhobenen Lehrerurteil sollen die behandelten Kinder kooperativer, akzeptierender und sozial angepaßter geworden sein.

Will man AXLINES Untersuchung in ihrem Aussagegehalt angemessen bewerten, muß man festhalten: Ihre Untersuchung enthält keine objektiv erhobenen und ausgewerteten Daten; die berichteten Verhaltensänderungen der Kinder basieren vielmehr auf subjektiven Eindrücken. Unter diesem Aspekt muß die Verallgemeinerung auf soziale Konfliktlösungen als zumindest spekulativ erscheinen.

Der Australier F. N. COX (1953) verwendete im Gegensatz zu AXLINE psychodiagnostische Instrumente (TAT, Fragebogen, Explorationen) und einen soziometrischen Test (Soziogramm nach MORENO), um Veränderungen durch Spieltherapie nachzuweisen. Eine Gruppe von neun fünf- bis dreizehnjährigen Waisenkindern, in drei Altersklassen aufgeteilt, erhielt Spieltherapie und wurde mit einer Kontrollgruppe gleicher Altersvarianz ohne Behandlung verglichen. Die Kinder wurden mit den erwähnten Tests dreimal geprüft: Vor Beginn, unmittelbar nach und einige Wochen nach der Therapie.

Die folgenden Ergebnisse wurden erzielt: Innerhalb der Kontrollgruppe ergaben sich keine Veränderungen. Die ältesten Kinder der Experimentalgruppe, die eine Art »elder sibling role« innerhalb des Heims innehatten und außerhalb der Institution bereits festere Bindungen eingegangen waren, hatten nach der Therapie einen erhöhten Sozialstatus, der sich als zeitstabil erwies. In den Persönlichkeitstests zeigten sich dagegen keine Änderungen. Die mittlere Altersgruppe, deren Mitglieder innerhalb des Heims keinen eindeutig definierbaren sozialen Status besaßen, veränderte ihre Testwerte weder in der einen, noch in der anderen Richtung.

Die Gruppe der jüngsten Kinder, deren Rolle mit »baby of the family« umschrieben wurde, wies dagegen wohl Persönlichkeitsänderungen (gemessen mit dem TAT) auf, ihre soziometrischen Werte blieben jedoch konstant. Allerdings blieben die konstatierten Änderungen über längere Zeit nicht erhalten. Cox führte dies auf die Situation der jüngsten Heimkinder zurück: Sie seien auf die persönliche Zuwendung besonders angewiesen; diese hätten sie zwar während der Therapie erhalten, jedoch zu kurzfristig, um zu zeitstabilen Persönlichkeitsänderungen zu gelangen.

Mit seinem Untersuchungsergebnis weist COX (1953) auf Effekte hin, die über das ursprünglich von AXLINE formulierte Konzept hinausgehen, nämlich: die differentielle Wirkung der kind-zentrierten Spieltherapie. Natürlich ist auch seine Untersuchung aus methodischen Gründen anfechtbar (unzureichende Kontrolle der Bedingungen, geringe Versuchspersonenzahl etc.), immerhin aber doch deshalb beachtenswert, weil sie auf die Wichtigkeit der Ausgangsbedingungen aufmerksam macht.

Persönlichkeitsprobleme allgemeiner Art: FLEMING und SNY-
DER (1947) führten mit sieben (!) acht- bis elfjährigen Heimkindern (4 Jungen, 3 Mädchen) eine nicht-direktive Gruppenspieltherapie durch. Als Kontrollgruppe dienten 23 andere
Heimkinder. Alle Probanden wurden vorher und nachher mit
drei Verfahren geprüft (ROGERS Test of Personality Adjustment; zwei soziometrische Tests).

Die Jungen der Experimental- und der Kontrollgruppe
wiesen nach dem Behandlungszeitraum keine veränderten
Meßwerte auf. Die Mädchen dagegen zeigten, soweit sie zur
Versuchsgruppe zählten, mehr positive Selbstreferenzen, weniger Tagträume und eine verbesserte soziale Integration.

Die Autoren führen den Mißerfolg der Therapie bei den
Jungen darauf zurück, daß diese auf einen weiblichen Therapeuten schlechter ansprachen. Damit wird eine weitere Annahme von AXLINE (1947, S. 65) in Frage gestellt, daß das
Geschlecht des Therapeuten keine bedeutsame Rolle spiele.
Ebenfalls im Gegensatz zu AXLINE steht die Erfahrung der
Autoren, daß ein Therapieerfolg dann am ehesten gewähr-
leistet sei, wenn die Kinder einer Gruppe im wesentlichen
gleich fehlangepaßt seien.

Man kann vermuten, daß eine solche Untersuchung, der
eine extrem kleine, dazu noch angefallene Stichprobe von
Kindern zugrunde lag, auch damals schon jegliche Beweis-
fähigkeit abgesprochen wurde. Daneben ist auf das mangelhafte Kontrollgruppenmatching zu verweisen: Die nicht-
behandelte Gruppe unterschied sich bereits im Eingangstest
von der Experimentalgruppe.

Allergien (z. B. Hautreaktionen auf auslösende Stoffe) und
Körperbehinderungen wurden anscheinend durch Spieltherapie günstig beeinflußt, wenn man den Ergebnissen von MILLER
und BARUCH (1946) bzw. COWEN und CRUICKSHANK (1948)
glauben will, denen allerdings nur eine schmale empirische
Basis zugrunde liegt.

106

Neuere Untersuchungen

Die im folgenden aufgeführten neueren Untersuchungen unterscheiden sich von den älteren vor allem darin, daß sie methodisch etwas anspruchsvoller sind. DORFMAN (in: ROGERS 1951, dt. 1973, S. 251 f.) kommt ebenfalls zu dem Schluß, daß die bis zu diesem Zeitpunkt vorhandenen Veröffentlichungen unter den Aspekten Versuchsplanung, Variablenkontrolle, Stichprobenerhebung und -größe unzureichend sind (was sich auch auf die später zitierten Prozeßstudien bezieht). Sie weist auch auf die mangelhafte Güte der verwendeten Testinstrumente (z. B. TAT) hin und rät, zukünftig reliablere und validere Instrumente zu benutzen (Vineland-Social-Maturity-Scale, Q-Sort-Technik etc.).

Interessanterweise ließ übrigens seit Mitte der fünfziger Jahre die Anzahl veröffentlichter Untersuchungen zu diesem Thema merklich nach, obwohl die kind-zentrierte Spieltherapie weiterhin praktiziert wurde und wird.

Die Untersuchung von Elaine DORFMAN *(1958)*

Elaine DORFMAN von der Universität Chicago versuchte, die Ergebnisse klient-zentrierter Kindertherapie mit verschiedenen Maßen streng empirisch zu ermitteln. Ihre Meßkriterien:

— ROGERS Test of Personality Adjustment, den bereits von FLEMING und SNYDER (1947) verwendeten Persönlichkeitstest von ROGERS, der Fehlanpassung global mißt,

— Machover Human Figure Drawing Test, einen Mann-Zeichen-Test,

— einen von der Autorin selbst konzipierten Satzergänzungstest, also ein projektives Verfahren, bei dem die Vp Satzanfänge zu ganzen Sätzen zu vervollständigen hat,

— Briefe der ehemaligen kindlichen Klienten an den Therapeuten (von AXLINE übernommen),

— Erfolgsbeurteilung durch Therapeuten selbst (Expertenrating).

107

17 durchschnittlich intelligente Mittelschichtkinder wurden mit dem Inventar vor und nach der Behandlung geprüft und mit einer Kontrollgruppe verglichen. Sie erhielten im Mittel 19 Einzelbehandlungen. Nach den Aussagen von Eltern und Lehrern galten sie als fehlangepaßt.

Nach ca. 28 Wochen zeigten die behandelten Kinder im Vorher-Nachher-Testvergleich und im Vergleich zur Kontrollgruppe verbesserte Anpassungswerte im ROGERS-Test und im Satzergänzungstest, und zwar unabhängig von Geschlecht und Therapiedauer. Der projektive Satzergänzungstest offenbarte dabei die größeren Veränderungen, allerdings ist seine geringere Validität in Rechnung zu stellen. Die Briefe der Kinder nach der Therapie wiesen positive Erinnerungen an die Spielsitzungen auf. Die Therapeutin selbst schätzte die Therapie von 10 der 17 Kinder als erfolgreich ein. Eine wiederholte Messung nach einem Jahr erbrachte keine weiteren Verbesserungen, jedoch ein zeitstabiles Anhalten des erzielten Erfolges.

Zusammenfassend stellt DORFMAN fest: Die Therapie war, gemessen mit den genannten Kriterien, auch ohne Beratung der Eltern im schulischen Bereich, unabhängig vom Geschlecht des Kindes, unabhängig von der Anzahl der Kontakte und unabhängig von der Art der Beendigung der Behandlung (ob vom Kind oder vom Therapeuten eingeleitet) zum großen Teil effektiv. Sie gibt allerdings auch zu bedenken, daß aufgrund ihrer Ergebnisse nichts über Veränderungen in anderen Lebensbereichen ausgesagt werden kann. Ebenfalls nicht entschieden werden kann über das Verhältnis von Aufwand (Einzeltherapie) zu Nutzen, zumal andere Therapieformen nicht einbezogen worden waren.

Man müßte ihr Globalergebnis, daß nicht-direktive Spieltherapie von Nutzen ist, auch in Hinblick auf die verwendete Stichprobe einschränken; diese war ja über die Zugehörigkeit zum Mittelschichtniveau und über mindestens durchschnittliche Intelligenz definiert. Positiv fällt bei ihrer Untersuchung jedoch die Verwendung von Eigen- und Fremdkontrollgruppen auf. Die Verwendung von meßtheoretisch weniger guten Verfahren wird man ihr nicht zum Vorwurf machen können, da bessere nicht zur Verfügung standen. Zu denken gibt jedoch die Tatsache, daß das Therapeutenverhalten selbst gänzlich unkontrolliert blieb, und daß nur ein Therapeut einbezogen worden ist. Die Autorin hat versucht, ihre Ergebnisse statistisch abzusichern (Chi-Quadrat-Tests, t-Tests, W-Korrelationen). Die statistische Verarbeitung mit uni- bis bivariaten Methoden trägt natürlich der multivariaten Struktur des Gegenstandes nicht Rechnung. Mit ihrer Verarbeitung bewegte sich die Autorin jedoch ganz auf dem Boden des damals (und auch heute manchmal noch) Üblichen.

Die Untersuchung von KRAAK *(1961)*
Einen Versuch, den Umweltbezug der Kinder stärker zu berücksichtigen, machte 1961 in Deutschland Bernhard KRAAK. Er bildete vier Therapiegruppen, drei Jungen- und eine Mädchengruppe, jede aus fünf bis sechs Kindern bestehend, mit dem Ziel, durch nicht-direktive Spieltherapie Erziehungsschwierigkeiten zu überwinden und Fehlentwicklungen zu korrigieren. Seine Probanden kamen aus einem sogenannten Hilfsschulheim in Reutlingen, ihr Alter variierte zwischen 10,9 und 14,8 Jahren. Insgesamt wies diese Stichprobe von Kindern eine niedrige Intelligenz auf (IQ: 79 nach BINET-KRAMER). Die vier Therapiegruppen wurden nun ein halbes Jahr lang von Studierenden der Heimerzieherschule Reutlingen spieltherapeutisch behandelt.
Die Verhaltensprinzipien für die Laientherapeuten waren:

1. Vorbehaltlose Annahme der Kinder
2. Keine Beeinflussung der Kinder, mit Ausnahme der folgenden Grenzsituationen:
   — Verhindern von Materialbeschädigungen
   — Verhindern der Mitnahme von Material
   — Strikte Zeitbegrenzungen

— Unterbinden von tätlichen Angriffen
— Eingreifen bei Verletzungsgefahr.

Als Kriterien, die den Therapieerfolg nachweisen sollten, wurden die folgenden Instrumente eingesetzt: Verhaltensbeurteilung der betreuenden Erzieher mit einer Symptomliste (z. B. Nägelkauen, Daumenlutschen etc.), Soziogramm nach MORENO, Begabungstest AZN (Aufgaben zum Nachdenken), Picture-Frustration-Study (P-F-S von ROSENZWEIG), Aufzähltest von BUSEMANN (1955).

Der Versuchsplan sah so aus, daß die Versuchsgruppe, aber auch eine Kontrollgruppe vor und nach dem Behandlungszeitraum mit diesen Verfahren getestet wurde. Die Ergebnisse sind aus der folgenden Tabelle abzulesen.

		Alter	N	IQ	AZN	PFS	Aufzähl-test	Sozio-gramm	Summe der Verhaltens-auffälligkeiten
Exp.-gruppe	vorher	10,9-14,8	20	79	30 PW	E 12,8 I 4,8 M 5,5	(Menge) 68	(Wahlen pro Kind) 2,6	41
	nachher				37,4 PW	Unterschied n.s.	83	3,0	19
Kontroll-gruppe	vorher	10,9-14,6	21	77	32,5 PW	E 14,7 I 4,1 M 4,3	(Menge) 89	(Wahlen pro Kind) 2,7	40
	nachher				35,6 PW	Unterschied n.s.	105	3,0	30

Abb. 8: Darstellung der Ergebnisse der Untersuchung von KRAAK (1961)

Die Darstellung offenbart, daß Kontroll- und Versuchsgruppen in einigen Bereichen ähnliche Veränderungen zeigen. Die größten Unterschiede ergaben sich intra- und interindividuell beim Begabungstest »Aufgaben zum Nachdenken«. KRAAK stellte fest, daß die Leistungsverbesserung der Experimentalgruppe zum größten Teil im Untertest »Analogien« zu finden war, der in erster Linie Flexibilität und Umstellfähigkeit im

110

Denken mißt. KRAAK interpretiert dieses Ergebnis in der Weise, daß durch die Spielbehandlung offensichtlich Denkhemmungen und -blockierungen abgebaut worden sind.

Die von Erziehern beurteilten Verhaltensauffälligkeiten im Heim fielen bei beiden Gruppen ebenfalls signifikant unterschiedlich aus. Sie gaben an, bei den Versuchskindern die folgenden Auffälligkeiten weniger häufig bemerkt zu haben: Soziale Isolierung, Schüchternheit — Ängstlichkeit, Unfähigkeit sich zu beschäftigen, Bettnässen.

Im Soziogramm ergaben sich zwischen Kontroll- und Versuchsgruppe keine Unterschiede nach der Behandlung, jedoch erhöhte sich die Anzahl der gegenseitigen Wahlen als Index für die Gruppenkohäsion erheblich. Für das Heimpersonal und die Kinder selbst ist dieses Ergebnis natürlich erfreulich gewesen, insbesondere die Tatsache, daß Kinder mit vorherigem geringeren Sozialstatus stärker integriert wurden. Deutlich wird jedoch, daß beide Gruppen in Wechselbeziehung zueinander standen, so daß von einer Kontrollgruppe im strengen Sinne nicht die Rede sein konnte.

Daß sich im P-F-S und im Aufzähltest keine Unterschiede ergaben, kann man auf die mangelnde Güte dieser Verfahren mit zurückführen (sie werden in der Kinderdiagnostik auch kaum noch verwendet).

KRAAK faßt seine Ergebnisse so zusammen (S. 617):

»Die Beziehungen der Kinder zu den Gruppentherapeutinnen, also zu Erwachsenen, verändern sich. Der soziale Abstand wird geringer. Die Kinder verlieren Respekt und gewinnen Zutrauen. Vielleicht ist es für sie, von denen viele sicher in ihrem Leben schon häufig von Erwachsenen unter Druck gesetzt wurden, ein besonderes Erlebnis, mit einem Erwachsenen zu tun zu haben, der gar nichts von ihnen fordert und nur bereit ist, ihnen zu helfen und mit ihnen zu spielen.«

»Einige der Jungen, die bei ihren Kameraden wenig beliebt

111

und gar nicht geachtet waren, und eine Art ›Prügelknaben‹ darstellten, haben ihre Stellung innerhalb der Therapiegruppe verbessert. Sie wurden am Schluß der Behandlung als fast gleichberechtigte Spielkameraden akzeptiert« (S. 617).

»Die behandelten Kinder haben — im Vergleich mit den nicht behandelten — ihre Leistungen in einem Intelligenztest signifikant gesteigert. Die primäre Ursache dafür scheint größere Beweglichkeit im Denken zu sein.

Die Zahl der Verhaltensauffälligkeiten (Symptome für Fehlentwicklungen), die sich in der Therapiezeit gebessert haben oder ganz verschwunden sind, ist signifikant höher als bei der Vergleichsgruppe« (S. 620 f.).

KRAAK hat in dieser Untersuchung versucht, den Therapieerfolg mit differenzierteren Kriterien zu erfassen. Einerseits scheinen nun gerade diese Kriterien aus meßtheoretischen Gründen wenig dazu geeignet zu sein (siehe Zuverlässigkeits- und Gültigkeitsaspekte beim P-F-S, Aufzähltest und Erzieherurteil). Andererseits erscheint die ganze Batterie von Verfahren als mehr oder weniger zufällig zusammengestellt und nicht zum Zweck der Überprüfung von theoretischen Annahmen ausgewählt, so daß die ganze Studie nur noch Erkundungscharakter haben kann. Die Auswahl nur einiger der acht Verhaltensprinzipien von AXLINE wurde nicht begründet, insbesondere fehlt das Prinzip des Erkennens und Reflektierens von Gefühlen, das nach ROGERS und AXLINE für den Therapieerfolg mitentscheidend sein soll.

Versuchsplantechnisch hätte vielleicht der Tatsache mehr Rechnung getragen werden müssen, daß Therapeutenausbildung und Behandlung in Wechselwirkung zueinander standen, indem auch die Therapeutenverhaltensänderungen hätten einbezogen werden können. Die Verwendung einer unüberprüften Symptomliste bei in den Versuch eingeweihten Erziehern hat wahrscheinlich zu den bekannten Einstellungseffekten

112

geführt (vgl. dazu die Literaturzusammenstellung bei SCHUS-SER, 1972), was durch einen Blindversuch mit unabhängigen Beobachtern (etwa Studenten) u. U. zu vermeiden gewesen wäre. — Die spieltherapeutische Behandlung von fast Fünf-zehnjährigen könnte auch als problematisch erscheinen.

Man muß aber auch deutlich hervorheben, daß der Autor sein Konzept konsequent und korrekt durchgeführt hat, ins-besondere, wenn man die praktischen Schwierigkeiten be-denkt, denen er mit Sicherheit gegenübergestanden hat (Probleme mit Erziehern und Institutionen, Training von Therapeuten, Gruppenkonstanz über ein halbes Jahr hin etc.). Seitdem KRAAK (1961) sein Untersuchungsergebnis vor-gelegt hat, weiß man mit einiger Sicherheit, daß eine bisher unbekannte Wirkdimension der Spieltherapie, die gesteigerte Flexibilität des Denkens nämlich, vorhanden ist.

Die Untersuchung von SCHMIDTCHEN *(1972)*
SCHMIDTCHEN (1972) versuchte in seiner Untersuchung zur »Überprüfung der Effekte klient-zentrierter Spieltherapie« die bisherigen Ansätze bei der Aufstellung von Therapie-zielen zu integrieren. Darüber hinaus übernahm er Annahmen aus der Gesprächspsychotherapie.

Die Hypothesen waren die folgenden:

»Hypothese (1)
Nach BILLS (1950 a, 1950 b), BOMMERT u. a. (1970) und MINSEL u. a. (1970) bewirkt klient-zentrierte Spieltherapie eine Verringerung emotionaler Schwierigkeiten wie Psycho-neurotizismus (1 a) und Angst (1 b).

Hypothese (2)
Nach AXLINE (1947), BILLS (1950 a, 1950 b) und KRAAK (1961) lassen sich durch klient-zentrierte Spieltherapie in-tellektuelle Defizite kompensieren. Die Therapie bewirkt eine Verbesserung des Verbalverhaltens durch eine Ver-

größerung des Wortschatzes und eine Steigerung der Wortflüssigkeit und trägt zu einer größeren geistigen Flexibilität und Kreativität bei.

Hypothese (3)
Nach FINKE (1947), AXLINE (1948), COX (1953), DORFMAN
(1958), BOMMERT u. a. (1970) und MINSEL u. a. (1970) sind
durch die erfolgreiche Anwendung klient-zentrierter Spieltherapie Persönlichkeitsverbesserungen wie größere Selbständigkeit und verbesserte Sozialanpassung zu erwarten.

Hypothese (4)
Nach KRAAK (1961), BOMMERT u. a. (1970) und MINSEL
u. a. (1970) bewirkt klient-zentrierte Spieltherapie eine
Verringerung emotionaler und sozialer Verhaltensstörungen« (S. 50).

Die Untersuchungsstichprobe bestand aus 15 Kindern mit
neurotischen und dissozialen Verhaltensformen, Bewohnern
eines Kinderheims. Sie entstammten zerrütteten Familien-
verhältnissen. Diese Neun- bis Zwölfjährigen hatten Intelli-
genzquotienten, die etwa im Durchschnitt lagen, allerdings
waren ihre Neurotizismuswerte (mit einem entsprechenden
Fragebogen gemessen) deutlich überhöht. Viele von ihnen
besuchten die Sonderschule (vermutlich für Lernbehinderte).
   Eine gleich große Kontrollgruppe stimmte bezüglich Alter,
Geschlecht, Intelligenzniveau, Ausmaß an Psychoneurotizismus, Erziehungshintergrund in etwa mit der Experimentalgruppe überein.
   Die folgenden Meßinstrumente wurden vor und nach der
Therapie angewendet:

— Leistungs-Prüf-System (LPS) von HORN (1962), zur Messung der Intelligenz
— Hamburger-Neurotizismus-Extraversionsskala (HANES)

114

von BUGGLE, GERLICHER und BAUMGÄRTL (1968)
— Children-Personality-Questionnaire (CPQ) von CATTELL und RUTHERFORD (1963) zur Erfassung der Variablen Extraversion und Neurotizismus
— Kinder-Angst-Test (KAT) von THURNER und TEWES (1969)
— Gruppentest für die soziale Einstellung (SET) von JOERGER (1968) zur Ermittlung der sozialen Reife und der Bereitschaft, sich an soziale Normen anzupassen
— Symptomlisten zur Erfassung von Verhaltensstörungen (SCHMIDTCHEN und ALVENSLEBEN, 1970), bestehend aus 33 Symptomen, deren Vorhandensein durch das Erzieherpersonal auf einer fünfstufigen Skala abzuschätzen war
— Globaleinschätzung des Therapieerfolges auf einer siebenstufigen Skala

Die Therapien wurden von sechs geschulten Therapeuten durchgeführt, bei denen zuvor hohe Ausprägungen auf den Verhaltenseinschätzungsskalen (Wachheit, Reflexion von Gefühlen, Grenzsetzung, nicht-direktives Verhalten, Ruhe und Zuversicht, Regulierung der Nähe) beobachtet worden waren.

Da die bei den Probanden gemessenen Merkmale korrelativ eng zusammenhingen, wurden sie einer besonderen Analyse unterzogen und zu den folgenden Merkmals-Clustern zusammengefaßt:

— Intellektuelle Flexibilität und Selbständigkeit
— Neurotizismus
— Angst und Isoliertheit
— Dokumentation sozialer Bravheit (Dieses Cluster wurde später jedoch nicht mehr berücksichtigt)

Die Behandlung selbst erstreckte sich über vier Monate und bestand aus je 14 bis 15 Einzelsitzungen.

115

Im Endergebnis konnte jede Gruppe mit sich selbst verglichen werden, daneben konnten Experimental- und Kontrollgruppenergebnisse gegenübergestellt werden, wie aus der folgenden Darstellung ersichtlich ist:

	Gruppe	vorher	nachher
Neurotizismus	Th	55,38 — s. — 52,92	
		n.s.	s.
	K	52,86 — n.s. — 54,84	
Angst und Isolierheit	Th	55,28 — n.s. — 51,78	
		n.s.	n.s.
	K	52,57 — n.s. — 55,35	
Intelligenz	Th	53,09 — s.s. — 55,72	
		n.s.	s.
	K	54,39 — n.s. — 52,28	

Abb. 9: Untersuchungsergebnisse von SCHMIDTCHEN *(1972)*

(Bedeutung der Abkürzungen:
n. s.: Der Unterschied ist statistisch nicht signifikant
   s.: Der Unterschied ist auf dem 5 %-Niveau signifikant
s. s.: Der Unterschied ist auf dem 1 %-Niveau hochsignifikant)

Wie man sieht, ergaben sich aufgrund der Behandlung die größten Unterschiede sowohl im Eigenkontroll- als auch im Fremdkontrollgruppenvergleich innerhalb der Intelligenz-

116

variablen, womit die Hypothese (2) bestätigt werden konnte.

Angst und Isoliertheit wiesen nur tendenzielle Veränderungen in der erwarteten Richtung auf, die allerdings statistisch nicht zu sichern waren.

Die Variable Psychoneurotizismus dagegen erbrachte intra- und interindividuelle Unterschiede (s. o.); so konnte die Hypothese (1) teilweise angenommen werden.

Die Einstufungen der Heimerzieher auf der Symptomliste sowie ihre und der Therapeuten Globalurteile sollen schließlich zur Verifikation der Hypothesen (3) und (4) geführt haben.

SCHMIDTCHEN faßte die Ergebnisse folgendermaßen zusammen:

»Die Verbesserungen liegen im intellektuellen Bereich in einer Erhöhung der verbalen Flexibilität und Wortflüssigkeit, in einer verbesserten Umweltwahrnehmung und in einer größeren Kreativität der Umweltbewältigung.

Im Persönlichkeitsbereich zeigt sich eine Erhöhung der emotionalen Stabilität mit einem Angstabbau, einer verbesserten Kontaktbereitschaft und größerer Selbstkontrolle und sozialer Reife.

Trotz widriger Umstände außertherapeutischer Art konnten durch die Therapie Verhaltensstörungen sowohl im emotionalen (Nägelkauen, Konzentrationsstörungen) als auch im sozialen Bereich (Wutanfälle, Rauflust, Lügen) abgebaut werden« (S. 61).

Man wird dieser Ergebnisstudie von SCHMIDTCHEN einen hohen Rang zuordnen müssen, wenn man sie mit allen bisherigen Untersuchungen (incl. Prozeßstudien) vergleicht.

Ganz positiv fällt ins Gewicht, daß das Therapeutenverhalten kontrolliert wurde, und daß überhaupt mehrere Therapeuten eingesetzt worden sind. Man wird auf diese

117

Art die positiven Ergebnisse nicht einer Person mit außerordentlichen Fähigkeiten zuschreiben können (vgl. dagegen die Veröffentlichungen von AXLINE).

Kritische Überlegungen werden auf einem höheren Niveau ansetzen müssen: Wie man leicht der Darstellung der Ergebnisse auf Seite 179 entnehmen kann, handelt es sich eigentlich um einen dreifaktoriellen Versuchsplan mit den Faktoren Persönlichkeitsmerkmale, Populationsvariable und Treatmentvariable. Ein multifaktorielles Design müßte nun auch entsprechend ausgewertet werden. Tatsächlich wurden jedoch nur bivariate Auswertungsmethoden (WILCOXON-WHITE-Tests) angewendet. Ein solches Vorgehen birgt jedoch zweierlei Gefahren: 1. wird durch die Vielzahl der statistischen Tests die Irrtumswahrscheinlichkeit automatisch laufend erhöht (s. dazu HOFSTÄTTER-WENDT, 1966, S. 103 f.); 2. können dadurch vorhandene bedeutsame Wechselwirkungen verlorengehen. So offenbart die obige Darstellung, daß die Therapiegruppe vorher ähnliche Werte erreicht wie die Kontrollgruppe nachher und umgekehrt.

Man wird jedoch gleichzeitig zugeben müssen, daß viele Variablen, die für das Therapiegeschehen äußerst relevant sind, heute noch nicht auf dem Meßniveau (Intervallskalenqualität) gemessen werden können, das eine Voraussetzung für komplexere Analysemethoden bildet. Man wird also auch in Zukunft mit so unzuverlässigen und z. T. invaliden Instrumenten arbeiten müssen wie »Symptomliste«, »Globalurteile«.

Allerdings sollten diese Verfahren dann besser in einem Blindversuch eingesetzt werden, bei dem die Beurteiler nicht wissen, wer von den Kindern behandelt wurde und wie die Behandlung überhaupt ausgesehen hat.

Die Stichprobe von SCHMIDTCHEN — genau wie die von KRAAK — war so definiert, daß Verallgemeinerungen auf Kinder anderer Altersstufen und anderen Erziehungshintergrundes nur schwer gezogen werden können.

118

Die Kinder wiesen ein Alter auf, für das die Spieltherapie ursprünglich (schon von der Ausstattung her) nicht konzipiert war, das jedoch nach LEBO (1956) gerade noch als für diese Behandlungsform als angemessen angesehen werden kann.

Es handelt sich um Heimkinder mit den für sie typischen Deprivationssymptomen (vgl. dazu PROVENE und LIPTON, 1962); für nicht-institutionalisierte Kinder wird ein Teil der Ergebnisse möglicherweise nicht zutreffen (vgl. DORFMAN in: ROGERS, 1951; 1973, S. 251).

Für die Untersuchung von SCHMIDTCHEN muß man jedoch festhalten:

Es wurde keine anfallende Stichprobe verwendet, vielmehr wurden die Kinder nach vorgegebenen Kriterien systematisch aus einer größeren Gesamtheit ausgelesen.

Das Therapeutenverhalten wurde zum erstenmal kontrolliert. Die Merkmale wurden mehrdimensional in Clustern erfaßt. Andere Kennzeichen dieser Untersuchung laufen ebenfalls darauf hinaus, daß Zufallseinflüsse ausgeschaltet worden sind, so gut es ging.

4.3.2.2. Ergebnisse zum Verlauf einer kind-zentrierten Spieltherapie

Die im vorigen Abschnitt gezeigten Ergebnisstudien brachten noch keine Informationen über den Therapieprozeß selbst. Im folgenden wird daher auf die Prozeßstudien eingegangen.

Es muß jedoch schon jetzt betont werden, daß dazu Untersuchungen neueren Datums nicht vorhanden sind. Ältere Untersuchungen weisen, wie im vorigen Abschnitt dargelegt worden ist, z. T. erhebliche methodische Mängel auf, die nicht nochmals diskutiert zu werden brauchen.

GINOTT (1964) karikierte das mangelnde Wissen über zugrundeliegende Prozesse der Spieltherapien mit der Bemerkung, daß Tanzstunden zur Behandlung von Gehemmtheit und Boxstunden zur Überwindung von Aggressivität die gleiche Wirkung wie eine Spieltherapie haben könnten.

»Thus far, for example, there is no evidence to indicate the superiority of play therapy over dancing lessons in the treatment of shyness or its superiority over boxing lessons in the treatment of aggressiveness« (GINOTT in: HAWORTH 1964, S. 431).

Die Erfahrung von klinischen Psychologen lehrt, daß allein Zuwendung und erhöhte Aufmerksamkeit des Personals einen Heilungseffekt bewirken können. Wenn Spieltherapien gezielt angesetzt werden, müßte man eigentlich einen besseren Einblick in die wirksamen Mechanismen haben.

LEBO gab zu diesem Thema 1958 einen Literaturüberblick. Er unterschied zwischen älteren Veröffentlichungen, in denen lediglich Spieltherapieprotokolle nach vorherrschenden Tendenzen analysiert worden waren, und neueren Untersuchungen, die in objektiverer Weise mit spezifizierten Fragestellungen durchgeführt worden waren.

In diesem Sinn gehören die Untersuchungen von LANDISBERG und SNYDER (1946) und Helene FINKE (1947) zur erstgenannten Kategorie.

LANDISBERG und SNYDER (1946) sahen Spielstundenprotokolle aus mehreren Therapien durch, bei denen 4 fünf- bis sechsjährige Kinder von drei Therapeuten betreut worden waren. Die Therapeuten- und Kind-Äußerungen wurden nach fünf bzw. zwei Kategorien klassifiziert, Einstellungen und Spielaktivitäten der Kinder wurden gesondert erfaßt.

Die Gesamtzahl der Verhaltensweisen teilte sich wie folgt auf: Drei Fünftel aller Reaktionen erfolgten durch die Kinder, zwei Fünftel durch die Therapeuten.

Die meisten kindlichen Äußerungen betrafen Problem-Statements (38 %), gefolgt von Spielhandlungen (37 %) und zustimmenden Antworten (10 %).

120

Die Therapeuten gaben meist nicht-direktive Statements von sich (75 %); die anderen Reaktionen (direktive Anweisungen, Interpretationen etc.) lagen jeweils unter 10 %.

Während der ersten Therapiesitzungen machten kindliche Gefühlsäußerungen 50 % aus, dies steigerte sich auf 70 % zum Schluß hin. Die negativen Verbalisierungen davon waren am Anfang mit nur 20 % vertreten, nahmen dann laufend bis zu 40 % zu, um dann gegen Schluß der Therapie wieder auf 33 % abzufallen. Die Zahl positiver Äußerungen änderte sich nicht, ihr Häufigkeitsanteil betrug durchgängig etwa 30 %. Die meisten kindlichen Gefühlsäußerungen betrafen andere Personen, seltener dagegen den Therapeuten oder die eigene Person; nicht nur die absolute Zahl von Gefühlsäußerungen, sondern auch die Spielaktivitäten vermehrten sich während der Therapie beträchtlich.

Insgesamt weist die Veröffentlichung von LANDISBERG und SNYDER nur kasuistischen Charakter auf: Nur wenige, ausgewählte Klienten wurden behandelt. Die Autoren berichten nichts über die Schwierigkeit, alle Äußerungen den wenigen vorhandenen Kategorien zuzuordnen. Vermutlich hat es dabei nur eine geringe Objektivität gegeben. Daneben vermißt man weitere wichtige Informationen, etwa über die Therapiedauer, wollte man weitergehende Schlußfolgerungen aus den Ergebnissen ziehen.

Helene FINKE (1947) verwendete im Gegensatz zu LANDISBERG und SNYDER Verhaltenskategorien, die sie aufgrund einer Analyse kindlicher Äußerungen gewonnen hatte. Mit Hilfe von 19 Kategorien sollte der größte Teil von Inhalten erfaßt werden, die Kinder während der Therapie ausdrücken.

Die Untersuchungsgruppe, 6 Fünf- bis Elfjährige, wurde von 6 Therapeuten über 8 bis 14 Kontakte spieltherapeutisch betreut.

Die vollständigen Stundenprotokolle dienten als Grundlage der Analyse, allerdings wurden nur die Verbalisierungen des Kindes berücksichtigt. Die Autorin ermittelte auf diese

Art die folgenden Verhaltenstendenzen (größte zeitliche Massierung jeweils in Klammern):

— Geschichten erfinden (5. Kontakt)
— Kontaktsuche zum Therapeuten (3., 8. bis Schlußkontakt)
— Grenzen austesten (bis zum 9. Kontakt)
— Verbalaggressionen (4., 7. Kontakt)
— Verbalisierungshäufigkeit (vom 3. Kontakt ab konstant)

Keine Veränderungen zeigten sich dagegen in den Kategorien positive und negative Selbstreferenzen, positive und negative Berichte über die eigene Familie. Die z. T. unterschiedlichen Ergebnisse zu LANDISBERG und SNYDER kamen vermutlich durch die Beschränkung auf das Verbalverhalten zustande.

LEBO (1952) untersuchte das Verbalverhalten von Therapiekindern *verschiedener* Altersstufen, weil FINKE nach seiner Ansicht zu wenig mögliche Altersunterschiede in den Sprachgewohnheiten berücksichtigt hatte.

LEBO revidierte das von FINKE verwendete Kategoriensystem, bis schließlich eine zufriedenstellende Diskrimination der Einzelkategorien erreicht wurde (LEBO, 1955). Das revidierte Schema nannte er (Helene FINKE-BORKE zu Ehren) »Helene-BORKE-Kategorien«. Sie trugen die folgenden Bezeichnungen (LEBO, 1955, S. 376 f.):

A) Neugierde und Fragen nach Dingen im Spielzimmer
B) Einfache Beschreibungen und Spielkommentare
C) Aggressive Äußerungen
D) Geschichten erzählen
E) Endgültige Entscheidungen
F) Austesten der Grenzen
G) Unsicherheit, Zweifel
H) Verantwortlichmachen des Therapeuten
I) Interesse für den Therapeuten
J) Kontaktsuche zum Therapeuten

122

K) Negative Selbstreferenzen
L) Positive Selbstreferenzen
M) Negative Äußerungen zu Schule, Familie etc.
N) Positive Äußerungen zu Schule, Familie etc.
O) Direkte Information über Familie, Schule, Freunde
P) Bitten um Informationen
Q) Fragen nach der Uhrzeit
R) Ausrufe
S) Interjektionen (Ah, Oh etc.)
T) Einsichtige Äußerungen
U) Ambivalente Äußerungen
V) Produzieren von Geräuschen (Sirene, Maschine u. ä.)
W) Unverständliche intrapersonelle Kommunikationen

In die eigene Untersuchung bezog LEBO 20 Kinder im Alter
von vier, sechs, acht, zehn und zwölf Jahren ein, wobei sie sich
in der intellektuellen Leistungsfähigkeit und der sozialen Anpassungsfähigkeit in etwa glichen. Neben vielen Einzelergeb-
nissen berichtet LEBO, daß die älteren Kinder im Gegensatz
zu den jüngeren weniger eigene Entscheidungen verbali-
sierten, weniger häufig die Grenzen austesteten und seltener
den Therapeuten in ihr Spiel einzubeziehen suchten; dafür
jedoch drückten sie öfter Freude und Ärger aus.

In einer zweiten Untersuchung (LEBO, 1957) richtete der
Autor sein Interesse mehr auf den sprachlichen Aspekt von
ausgedrückten Aggressionen in der Spieltherapie. Er wollte
herausfinden, wie sich verbale Aggressionen in verschiedenen
Altersstufen (4, 6, 9, 12 Jahre) in der Spielsituation unterscheiden. 89 durchschnittlich intelligente Kinder verschiedenen Aggressionsniveaus wurden jeweils in drei Einzelkontakten spieltherapeutisch behandelt. Es wurde wiederum
das Helene-BORKE-System verwendet.

Das Verhalten stark aggressiver Kinder während der
Einzelsitzungen war folgendermaßen gekennzeichnet: (Kate-
goriebezeichnung jeweils in Klammern)

Sie äußerten sich natürlich vermehrt aggressiv (C) und impulsiv (R), bedrohten die gesteckten Grenzen (F), erzählten sehr viele Geschichten (D), interessierten sich stark für den Therapeuten (I,J), äußerten zahlreiche positive und negative Selbstreferenzen (L, K) und brachten öfter eigene Entscheidungen und Ausrufe zum Ausdruck (E, R). Gewissermaßen als Nebenergebnis wurden die folgenden Unterschiede zwischen jüngeren und älteren Kindern ermittelt: Jüngere Kinder äußerten sich vermehrt aggressiv (C), erzählten viele Geschichten (D), zeigten ein größeres Interesse am Therapeuten (I) (J) und zahlreichere positive und negative Selbstreferenzen (K, L) und fragten häufiger nach der Uhrzeit (Q); die Kategorien waren bei ihnen ebenfalls stärker vertreten, welche nicht-sinnhaltige und nicht-verständliche Äußerungen einbezogen (S, V, W).

Interessanterweise trat die Kategorie T (Einsicht) fast nie auf.

LEBO ermittelte also, daß Kinder unterschiedlichen Alters und unterschiedlicher Aggressivität in unterschiedlicher Weise auf die nicht-direktive Situation ansprachen. Von daher forderte er eine Revision des Spieltherapiekonzepts, das den unterschiedlichen Ausgangsbedingungen mehr Rechnung tragen sollte, ohne aber spezifizierte Vorschläge vorzutragen.

Man muß dabei bedenken, daß es sich bei seinen — sehr zahlreichen — Klienten um weniger emotional gestörte und verhaltensauffällige Kinder gehandelt hatte, und daß nur drei Sitzungen angesetzt waren.

Eine Verarbeitung seiner Ergebnisse in Form von differentiellen Ansätzen innerhalb der kind-zentrierten Spieltherapie erscheint prinzipiell wünschenswert, ist jedoch aus den vorgetragenen Daten nicht ableitbar.

Daß auch das angebotene Spielmaterial einen unterschiedlichen Einfluß auf das Verbalverhalten von jüngeren und älteren Kindern haben kann, legt eine andere Untersuchung des Autors nahe (LEBO, 1956). Zwölfjährige sprachen bei

124

gleichem Materialangebot an Spielen insgesamt weniger als Vier- bis Zehnjährige. Sie schienen durch das für sie weniger attraktive Material geringer zum Sprechen angeregt zu werden. LEBO empfiehlt deshalb, für zwölfjährige und ältere Probanden, zusätzliches Material zur Verfügung zu stellen.

Die Untersuchungsergebnisse dieses Autors scheinen insgesamt zu beweisen, daß das Sprachverhalten von Kindern in der Spieltherapiesituation von verschiedensten Bedingungen abhängt, die einerseits im Kind selbst liegen, andererseits auf äußere Faktoren zurückgehen.

Ein noch umfassenderes Beobachtungsschema entwickelten MOUSTAKAS, SIEGEL und SCHALOCK (1956), mit dem verbale Interaktionen zwischen Erwachsenen und Kindern fixiert werden sollten. Die richtige Anwendung setzt ein relativ langes Beobachtungstraining voraus, da die vereinbarten Symbole in sehr kurzen Zeitabschnitten in die vorgesehenen Felder eingetragen werden müssen. Das System besteht aus 82 »Erwachsenen«-Kategorien und 72 diesen ähnlichen »Kinder«-Kategorien, die unter den folgenden Oberbegriffen zusammengefaßt werden können:

— Aufmerksamkeit
— Auslösendes Verhalten (z. B. Bitte um Information)
— Lenkendes, dirigierendes Verhalten
— Kritik, Disziplin, Zurückweisung
— Zustimmung, Belohnung
— Kooperatives Verhalten
— Interpretationen
— Angst und Feindschaft (auf einer Skala nach Intensität eingestuft)

Dieses kompliziert anzuwendende Schema wurde nun in Prozeßstudien verwendet.

So benutzten es MOUSTAKAS und SCHALOCK (1955) in einer Untersuchung, bei der das Interaktionsverhalten von fünf

125

emotional gestörten und fünf emotional nicht gestörten Kindern im Verlauf von achtzehn Spieltherapiesitzungen studiert wurde. Die Kinder waren vier Jahre alt und entstammten Mittelschichtverhältnissen.

Das Interaktionsverhalten der Kinder mit dem Therapeuten wurde mit Hilfe des genannten Schemas von drei Beobachtern eingestuft, die in ihren Beurteilungen zu 92 % übereinstimmten.

Als Ergebnis dieser Untersuchung bieten die Autoren Prozentzahlen in den einzelnen Kategorien an, ohne daß diese Datenfülle nach irgendeinem Gesichtspunkt geordnet wäre. Das wichtigste Resultat scheint jedoch zu sein, daß die emotional gestörten Kinder im Gegensatz zu den nicht gestörten weniger Interaktionen mit dem Therapeuten suchten, jedoch gleichzeitig mehr von ihm abhängig erschienen. (Nebenbei liegt natürlich die forschungsökonomische Frage nach dem Verhältnis von Aufwand und Ergebnis nahe.)

Im Rahmen einer weiteren Untersuchung interessierte sich MOUSTAKAS (1955) speziell für die ausgedrückten negativen Gefühle während der Spieltherapie (5 Spielkontakte). Er verglich dabei neun sozial-emotional gestörte Vierjährige mit neun anderen gesunden Kindern, die bezüglich Mittelschichtzugehörigkeit, hoher Intelligenz (IQ : 130) und Alter parallelisiert waren.

Diese Hauptergebnisse konnten festgehalten werden:

— Bei den gestörten Kindern kamen diffuse negative Einstellungen insgesamt gesehen häufiger vor.
— Bei den nicht-gestörten Kindern manifestieren sich mehr person-gerichtete negative Einstellungen.
— Gestörte und nicht gestörte Kinder unterschieden sich in der Intensität von negativen Affekten.
— Es ergaben sich jedoch keine Unterschiede zwischen beiden Gruppen bezüglich der Anzahl der dem Therapeuten gegenüber geäußerten negativen Gefühle.

126

MOUSTAKAS nimmt aufgrund dieser Ergebnisse an, daß die gefühlsmäßigen Einstellungen von gestörten Kindern im Therapieverlauf spezifischer und mehr person-ausgerichteter werden, und daß sie allmählich an Intensität verlieren. Allerdings werden keine Angaben über den Therapieerfolg bei den gestörten Kindern gemacht.

Bisher wurde von Prozeßstudien berichtet, in deren Mittelpunkt Veränderungen der kindlichen Klienten standen. In einer Vorstudie haben die Autoren (GOETZE und JAEDE, 1973) versucht, typische Veränderungen vor allem bei angehenden Therapeuten herauszustellen.

18 Studierende der Heimerzieherschule und der Pädagogischen Hochschule Reutlingen führten acht Einzelkontakte mit Heimkindern durch. Nach jedem Kontakt wurden von ihnen mit Hilfe eines Nachbefragungsbogens (konzipiert nach: ECKERT, 1971) die eigenen und kindlichen Verhaltensweisen und Einstellungen auf sechsstufigen Skalen eingeschätzt (Stufe 1: ja, ganz genau, Stufe 6: ganz im Gegenteil). Verschiedene Items wurden (vorläufig noch spekulativ) einigen Verhaltensprinzipien von AXLINE (1947) und TAUSCH (1956) zugeordnet. Im Verlauf der acht Kontakte zeigten sich die folgenden Tendenzen:

Erkennen und Reflektieren von Gefühlen (4. Prinzip bei AXLINE) wurde durch die Items

»Ich hatte heute Schwierigkeiten, emotionale Inhalte zu finden, die sich zu reflektieren lohnen würden« (1)
»Es fiel mir leicht, emotionale Inhalte zu reflektieren« (2)

erfaßt.
Die Kurven von (1) und (2) verlaufen fast identisch, wenn man die negative Formulierung des einen Items in Rechnung stellt. Das Einstufungsniveau ändert sich vom 1. zum 4. Kon-

127

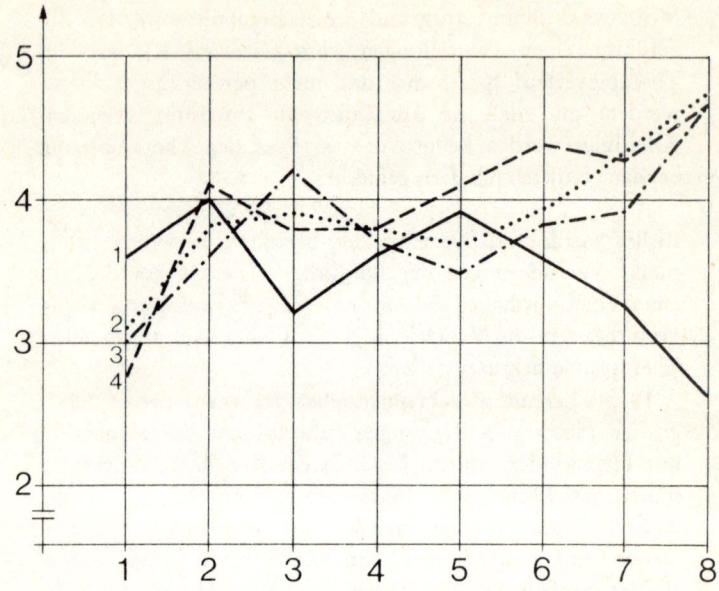

Abb. 10: Mediane der Einstufungen der Items 1, 2, 3, 4 über acht
Spieltherapiekontakte

takt nicht bedeutsam, von der 4. Spielstunde bis zum Schluß
jedoch systematisch (geprüft mit WILCOXON-Test, 1 %-
Niveau), d. h. den studentischen Therapeuten gelang es erst
während der zweiten Therapiehälfte besser, emotionale
Inhalte zu erkennen und zu reflektieren. Zwischen dem Erkennen einerseits und dem Reflektieren andererseits bestand
zu allen Zeitpunkten der Therapie ein deutlicher Zusammenhang (R = —.67 bis —.93).

Die innere Sicherheit des Therapeuten, ein von TAUSCH ge-
nanntes Prinzip, wurde wahrscheinlich gut durch die folgenden beiden Items abgedeckt:

128

»Nach dieser Stunde fühle ich mich unbefriedigt« (3)
»Durch sein Verhalten hat das Kind mich heute verunsichert« (4)

Im Prinzip steigen die beiden Kurven (3) und (4) stetig an (s. o.). Zwischen den Kontakten ist kein statistischer Unterschied nachweisbar, jedoch läßt sich zwischen Anfang und Ende eine hochsignifikante Differenz nachweisen (1 %). Nach den Selbsteinstufungen der studentischen Therapeuten scheinen die innere Befriedigung und Sicherheit, die übrigens recht eng zu allen Zeitpunkten zusammenhängen ($R = .57$ bis .82), ständig zuzunehmen, ohne daß am Ende ein Plateau erreicht wäre.

Die Achtung vor dem Kind und das Vertrauen in seine Möglichkeiten, das 5. Prinzip von AXLINE, kommt in den folgenden beiden Items zum Ausdruck:

»Nach dem heutigen Kontakt bin ich eigentlich recht optimistisch, daß die kind-zentrierte Spieltherapie dem Kind helfen wird« (5)
»Ich hatte den Eindruck, daß das Kind heute wenig vorangekommen ist« (6)

Die Abbildung auf der nächsten Seite verdeutlicht, daß die beiden Kurven (5) und (6) nur ähnliche Verläufe zeigen. Statistisch gesehen sind zwischen Anfang und Ende der Therapie keine bedeutsamen Veränderungen nachzuweisen, d. h. der in den Urteilen zum Ausdruck gebrachte Optimismus blieb in etwa über die ganze Therapiedauer erhalten. Zwischen beiden Items ergaben sich nur mittlere Zusammenhänge ($R = -.37$ bis $-.86$).
Das Item »Ich spüre, daß das Kind Vertrauen zu mir gefaßt hat« korrelierte übrigens recht hoch mit dem Optimismus des Therapeuten ($R = .48$ bis .76). Man kann vermuten, daß das

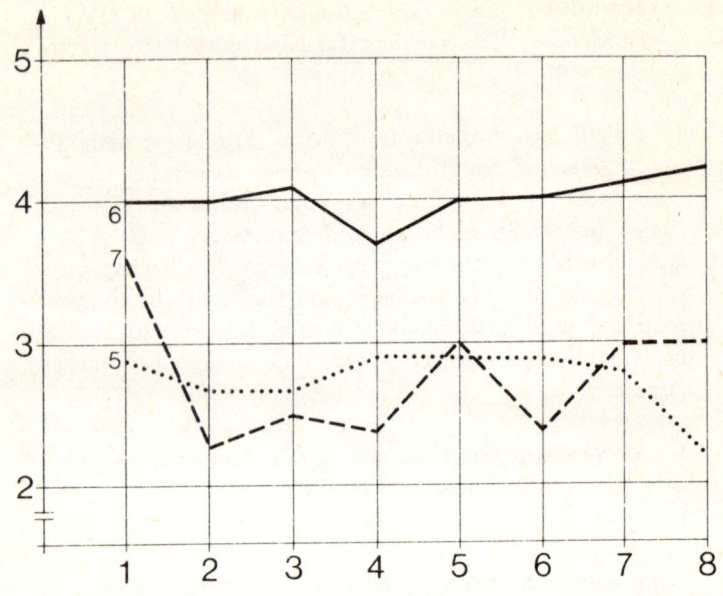

Abb. 11: Mediane der Einstufungen der Items 5, 6, 7 über acht
Spieltherapiekontakte

Vertrauensverhältnis, das sich besonders während der ersten
Spieltherapiekontakte stark bessert (1 %-Niveau), durch den
Optimismus des Therapeuten gefördert wird.

Der Wechsel der kindlichen Spielformen (7) war anscheinend am Beginn und am Ende gleich häufig, sank jedoch
während der ersten Stunden merklich ab (gesichert auf dem
1 %-Niveau), um dann stetig wieder zuzunehmen. Man
könnte sich diese Tendenz so erklären, daß die Kinder mit
dem hohen Anregungsgehalt der Stimuli erst allmählich zu-
rechtkommen, woraus ein gezielterer Einsatz des Spiel-
materials abzuleiten wäre (vergleiche die Anregungen von
LEBO).

130

Schaut man sich die Kurven insgesamt an, könnte man vermuten, daß sich die markantesten Veränderungen zwischen dem ersten und dem zweiten Spielkontakt ereignen. Sicherlich würde eine eingehendere Erforschung dieses Phänomens interessant sein (z. B. ob diese Wirkung auf tiefgehende Dissonanzerlebnisse zurückgeht). Für die Ausbildungspraxis wäre daraus zu fordern, daß eine sehr intensive Supervision und Unterstützung während dieser Phase stattfinden müßte. Die Kurven scheinen daneben eine kontinuierliche Entwicklung der Einstellungen von Therapeuten während der Ausbildung anzudeuten, die mit dem 8. Kontakt keineswegs beendet schien. In diesem Zusammenhang könnte ein anderes Ergebnis interessant sein: 10 der 18 Studenten waren vorher und nachher mit dem »Fragebogen zur direktiven Einstellung« (F-D-E) von BASTINE (1971), der Extraversion und Direktivität der Einstellung mißt, getestet worden. In beiden Skalen ergaben sich *keine* signifikanten Unterschiede (Direkt.: Von 95.5 zu 93.7, Extr.: Von 95.8 zu 96.1). Bei einer längeren Ausbildungszeit hätte sich u. U. schließlich ein Entwicklungsplateau im obigen Sinn und auch eine Änderung des Selbstkonzeptes der studentischen Therapeuten in der erwarteten Richtung (niedrigere Direktivitätswerte) eingestellt.

GOETZE und JAEDE (1973) gingen dann weiterhin der Frage nach, ob sich die von AXLINE aufgestellten Verhaltensprinzipien empirisch verifizieren lassen.

Wie ja bereits anläßlich der Kritik an AXLINES Konzept herausgestellt worden ist, bleibt die Frage offen, welche die maßgeblichen Therapeutenvariablen sind. Autoren in der Nachfolge von AXLINE, z. B. SCHMIDTCHEN, sind stets von spekulativen Therapeutenvariablen ausgegangen; ein Versuch der empirischen Fundierung und Objektivierung hat bisher u. E. nicht stattgefunden.

Um nun das Konzept von AXLINE überprüfen zu können, standen GOETZE und JAEDE vor der Schwierigkeit, geeignete

131

Stundenverläufe für die Analyse zu finden. Als optimale Lösung bot sich das Therapeutenverhalten von VIRGINIA M. AXLINE selbst an, wie es z. B. in »Dibs« (1971) schriftlich fixiert ist. Die Autoren zogen 40 Stichproben aus AXLINES Äußerungen; diese 40 Statements wurden dann in einem (sehr mühevollen) Paarvergleichsexperiment von vier Experten der nicht-direktiven Therapie ähnlichkeitsskaliert.

Die angewandte Methode der multidimensionalen Skalierung (s. TORGERSON 1958) war nun tatsächlich in der Lage, die Dimensionalität des Sachverhaltes »Therapeutenäußerungen von AXLINE« aufzuklären. Dazu mußten den Experten $\left(\frac{40}{2}\right)$ zufällig zusammengestellte Paarkombinationen der Statements dargeboten werden; die Experten wiederum hatten ein quantitatives Urteil (mit Hilfe einer siebenstufigen Skala) abzugeben, inwieweit ihnen die jeweils zwei Äußerungen als ähnlich erschienen.

In das Rechenprogramm wurden dann die mittleren Ähnlichkeitsurteile der Experten eingegeben; dabei kam ein Bibliotheksprogramm des RZ der Universität Marburg zur Anwendung.

Die rotierte Dreier-Faktorenstruktur ergab die sinnvollste Interpretationsgrundlage:

Der 1. (bipolare) Faktor wurde vorläufig so bezeichnet: »Reflektieren emotionaler Inhalte des Kindes vs. Exploration von Denkvorgängen des Therapeuten.«
Positiv laden Äußerungen wie die folgenden:
›Du beobachtest sie und hörst, was sie zu dir sagen, aber sie kränken dich, und du willst nicht mit ihnen spielen.‹
›Und sie sind traurig, nicht wahr, weil sie nicht tun konnten, was sie sich vorgenommen hatten?‹
Negativ geladene Items sind zum Beispiel:
›Bist Du schon einmal in die Kirche gegangen?‹
›Das möchte ich auch wissen.‹ — ›Ja, ich werde mich auch darum kümmern.‹

132

Der 2. Faktor könnte mit »Situationsstrukturierung« bezeichnet werden (Beispiele: ›Es ist jetzt kein Hammer hier. Leg' die Tür auf das Regal — oder ins Puppenhaus, wenn du willst, der Hausmeister wird sie später anmachen.‹ ›Zuerst feuchtet man das Papier an. Dann gibt man etwas Farbe auf das Papier. Dann verteilt man sie mit den Fingern oder der Hand. So. Ganz wie du willst.‹ ›Wenn du das Gewehr zum Fenster hinauswirfst, würden wir es nicht wiederbekommen.‹).

Der 3. Faktor könnte so umschrieben werden: »Reflektieren kindlicher Handlungsmuster« vs. »Exploration eigener Handlungsmuster des Therapeuten.« Typische Äußerungen sind etwa: ›Also, du kannst die Aufschriften auf den Farbtiegeln lesen. Und du kennst alle Namen der Farben.‹ ›Ja, der Pinsel ist im Rohr.‹ ›Wir bleiben eine Stunde zusammen hier im Spielzimmer. Du kannst dir das Spielzeug und die anderen Sachen, die wir hier haben, ansehen. Dann kannst du dir aussuchen, was du gerne tun möchtest.‹ ›Ich würde sagen, es bedeutet die Möglichkeit, hierher zu kommen und zu spielen und zu erzählen, wie es dir gerade in den Sinn kommt. Während dieser Zeit kannst du sein, wie du sein willst. Eine Zeit, die du so verwenden kannst, wie du es willst. Eine Zeit, in der du du selbst sein kannst.‹

Aufgrund dieser *pilot-study* haben sich also die folgenden Therapeutenverhaltensdimensionen ergeben:

1. Reflektieren emotionaler Erlebnisinhalte des Kindes
2. Situationsstrukturierung
3. Reflektieren kindlicher Handlungsmuster

Wir wollen an dieser Stelle eine ausführliche Diskussion unterlassen, eine ausführliche Beschreibung der Versuche wird an anderer Stelle erfolgen.

4.3.3. Forschungsergebnisse der klient-zentrierten Gesprächspsychotherapie

Die kind-zentrierte Spieltherapie erscheint bei Kindern zwischen vier und etwa dreizehn Jahren angemessen. Innerhalb dieser Altersspanne kann die Spieltherapie geeignete Bedingungen schaffen und bei den Probanden eine effektivere Auseinandersetzung mit der Umwelt einleiten. Im weiteren Entwicklungsverlauf scheint diese sich immer mehr auf eine kognitiv-verbale Ebene zu verlagern, so daß das Medium der Sprache eine zunehmende Bedeutung gewinnt. Entsprechend liegt es nahe, von einem bestimmten Alter ab eine klient-zentrierte Gesprächspsychotherapie anzusetzen.

Leider liegen bisher noch keine gesicherten Befunde vor, wann dieses »kritische« Alter optimalerweise anzusetzen wäre. Diese Frage könnte von Forschungsprojekten geklärt werden, die zur Zeit an der Universität Hamburg durchgeführt werden.

Im folgenden soll nur ein ungefährer Überblick über den gegenwärtigen Stand der klient-zentrierten Gesprächstherapie gegeben werden, weiterführende Informationen sind in der entsprechenden Fachliteratur zu finden (TAUSCH 1970; TRUAX und CARKHUFF, 1967).

Als die wichtigsten Verhaltensvariablen des Therapeuten hat TAUSCH (1970) die folgenden herausgestellt:

Verbalisierung emotionaler Erlebnisinhalte des Klienten
»Der Psychotherapeut (bemüht sich), die vom Klienten in seiner jeweiligen Äußerung enthaltenen persönlich-emotionalen Erlebnisinhalte... akkurat vom inneren Bezugs-

134

punkt des Klienten wahrzunehmen bzw. sich vorzustellen
... und dem Klienten in einfach verstehbaren Äußerungen
das derartig Verstandene zu kommunizieren.« (S. 79)

Positive Wertschätzung und emotionale Wärme
»Sie ist in hohem Ausmaß vorhanden, wenn der Psychotherapeut mit Wärme das, was der Klient erlebt und äußert,
akzeptiert, ohne die Akzeptierung und Wärme von Bedingungen abhängig zu machen« (S. 115).

Echtheit und Selbstkongruenz
»Der Psychotherapeut ist in freier und tiefer Weise in dem
Beziehungsverhältnis er selbst. Er ist offen für Erfahrungen
und Gefühle aller Arten, sowohl erfreulicher wie verletzen-
der Natur, ohne Spuren von Verteidigung oder Rückzug
in Professionalismus ... Der Psychotherapeut ist klar er
selbst in allen seinen Äußerungen« (S. 130).

*Variable Ausmaß aktiven Bemühens — Suchens — Nach-
denkens — Sich-Anstrengens* (= Aktivität des Therapeuten)
»Der Psychotherapeut ist dem Klienten ein Beobachtungsmodell für aktive, suchende, verstehende Zuwendung zu
emotionalen Erlebnisinhalten und wird so trotz fehlender
Ratschläge und Fragen nicht als passiv und inaktiv wahrgenommen« (S. 281).

Die relevantesten Prozeßvariablen auf seiten des Klienten
sind nach Tausch:

Selbstexploration
Darunter soll verstanden werden, »daß der Klient über sich
selbst, besonders über seine spezifisch persönlichen inneren
Erlebnisse spricht, sich über sie klarer wird, oder daß er sich
wenigstens deutlich um Klärung bemüht« (S. 243).

135

Experiencing
»Experiencing ist eher ein Prozeß des Fühlens oder des gefühlsmäßigen Erlebens als ein Prozeß des Denkens, Wissens oder der Verbalisierung ... Der psychotherapeutische Prozeß bedingt in entscheidender Weise Vorgänge, in denen die impliziten Bedeutungen des gegenwärtigen Erlebens, zunächst sehr undifferenziert und diffus gegeben, bewußter werden und intensiv gefühlt werden; die verbalen Formulierungen hierüber werden mit dem unmittelbar gegenwärtigen Erleben verglichen und geändert, oft jedoch ohne in präzise Worte gefaßt zu werden« (S. 261 f.).

In einer Prozeßgleichung der Gesprächspsychotherapie hat TAUSCH (1973) Untersuchungsergebnisse über Effekte und Prozesse darzustellen versucht, wobei die Beziehungen zwischen den Variablen in Korrelationskoeffizienten ausgedrückt sind (s. folgende Seite).
Die langfristigen Veränderungen bei Klienten aufgrund einer Gesprächspsychotherapie, so wie sie sich beim gegenwärtigen Forschungsstand ergeben, werden von TAUSCH (1970) folgendermaßen zusammengefaßt:

»Erhebliche Abnahme innerer Spannungen, mehr Zufriedenheit mit sich selbst, größeres Ausmaß an Selbstvertrauen, größere Unabhängigkeit vom Urteil und der Auffassung anderer Personen, größere Flexibilität, geringere Rigidität, größere Offenheit für Erfahrungen, realistischere, weniger verzerrte Umweltwahrnehmungen, größere Akzeptierung eigener und anderer Personen, größeres Ausmaß an Sicherheit und Ruhe, geringeres Ausmaß von Verteidigungshaltungen und Aggressionen, ein den intellektuellen und körperlichen Fähigkeiten mehr entsprechendes Leistungsausmaß« (S. 210).

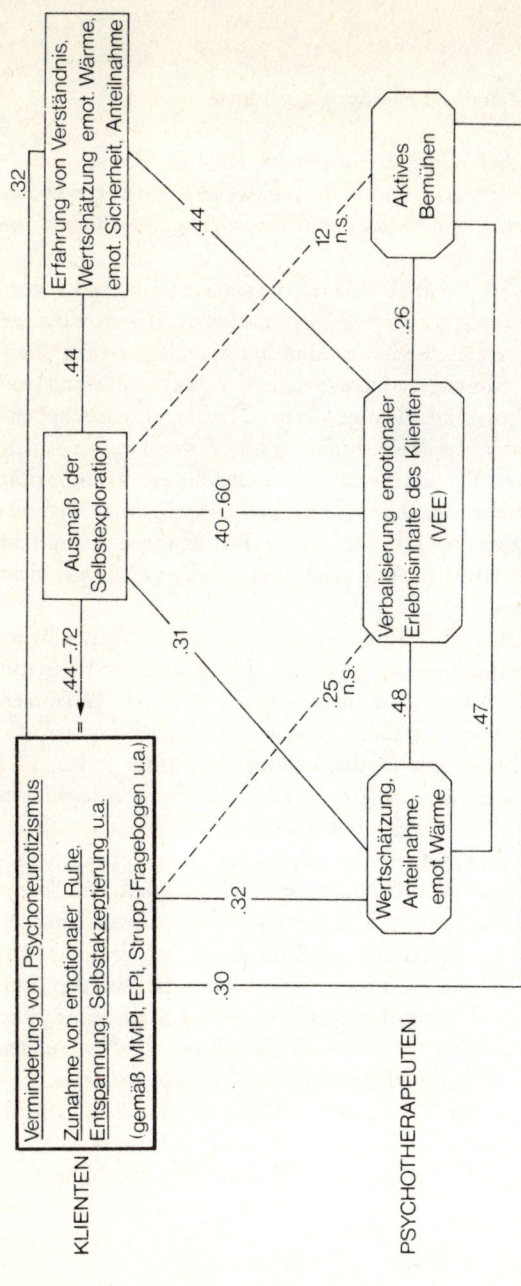

Abb. 12: Prozeßgleidung der Gesprächspsychotherapie (aus: Tausch, 1973)

4.3.4. Kritik der Untersuchungsergebnisse

Die empirischen Untersuchungen im Rahmen der kind-zentrierten Spieltherapie sind bereits teilweise kritisch gewürdigt worden. Fassen wir noch einmal die wichtigsten Punkte zusammen.

Besonders in den frühen Untersuchungen ist versucht worden, aus zu wenig gesicherten Informationen zu weitreichende Schlußfolgerungen zu ziehen. Man hat damals teilweise übersehen, daß Ausgangsbedingungen und Effekte äußerst komplizierter Natur sind. Wenige Vorher-Nachher-Eigengruppenvergleiche oder die Beobachtung von nur wenigen Variablen während des Therapieverlaufs tragen dieser Komplexität offensichtlich nicht Rechnung. Das Geflecht möglicher Wechselwirkungsbeziehungen zwischen den Bedingungen kommt in einfachen statistischen Analysen bivariater Art ebenfalls nicht zum Ausdruck.

Einige Untersucher sind nicht einmal von explizit ausformulierten Hypothesen ausgegangen. Fast alle unterstellen ein Therapiekonzept, das jedoch nirgendwo in seinen Annahmen und Konstrukten expliziert worden ist. Daher können die Ergebnisse bestenfalls beschreibenden Charakter haben und erst durch Theoreme erklärt werden, die noch einzuführen sind (etwa aus der Verhaltenstheorie).

Nach allem, was man inzwischen über Veränderungen aufgrund therapeutisch wirksamer Prozesse außerhalb der Therapie weiß (z. B. Spontanremissionen), muß es vom heutigen Standpunkt aus befremden, daß die Effekte anderer unkontrollierter Einflußgrößen zu wenig berücksichtigt worden sind.

Man hat auch kaum bedacht, daß — etwa im Sinne eines Hawthorne-Effekts — allein die Beachtung zu Besserungen führen kann; Kinder erfahren in einer Therapiesituation u. U. zum erstenmal eine intensive Bemühung um ihre Person durch einen Erwachsenen und ändern schon deshalb ihr Verhalten.

Wenn nur *ein* Therapeut in eine Untersuchung einbezogen

138

und sein Verhalten schlechthin als »nicht-direktiv« bezeichnet, jedoch nicht kontrolliert wurde, so können zwar einigermaßen gesicherte Aussagen über eben diesen Therapeuten, weniger aber über die allgemeinen Wirkungen der Therapie gemacht werden.

Therapieverläufe wurden häufig nur über das Verbalverhalten der Beteiligten verfolgt. Tatsächlich scheint aber nichtverbales Verhalten (z. B. Spielverhalten) einen relativ großen Raum in der Therapie einzunehmen, der so nicht erfaßt wird.

Es hat den Anschein, daß Kriterienprobleme der Erfolgskontrolle bisher weniger problematisiert worden sind. Entweder wurden recht zuverlässige Daten verwendet, die allerdings mit den zu überprüfenden Konstrukten in kaum einem Zusammenhang stehen, oder Kriterien wurden einbezogen, die zwar unmittelbar aus dem Konzept ableitbar, jedoch test- und meßtheoretisch ungenügend sind.

Insofern es sich um Einschätzungen des Therapieerfolges durch Dritte handelte, hätten Maßnahmen getroffen werden müssen, die Erwartungs- und Einstellungseffekte der Betroffenen weitgehend ausschließen (etwa durch sogenannte Blindversuche).

Die vorliegenden Studien lassen sich — wie gezeigt wurde — recht gut in Prozeß- und Ergebnisuntersuchungen einteilen; damit wird aber auch offenbar, daß bisher keine Ansätze vorliegen, Therapieverläufe und -effekte gleichzeitig zu überprüfen.

Ein anderes — äußerst brisantes — Thema ist ebenfalls bisher nicht angegangen worden: der Vergleich verschiedener Therapietheorien in empirischen Untersuchungen.

Aus allem kann man schließen, daß — wie in allen anderen Bereichen der Kindertherapieforschung — auch hier die Forschung noch in den Anfängen steckengeblieben ist. Man muß allerdings auch sehen, daß z. T. recht ermutigende Versuche vorliegen, empirische Fundierungen eines praktisch bewährten Konzeptes vorzunehmen.

Offensichtlich scheint der komplexe Sachverhalt jedoch einen oder zwei Forscher zu überlasten, wodurch sich das forschungsökonomische Argument aufdrängt, Untersuchungsprogramme größeren Stils in Forschergruppen durchzuführen. So könnte man vielleicht in effizienterer Weise funktionale Zusammenhänge zwischen therapeutischen Bedingungen und Therapieeffekten auf dem Hintergrund expliziter Modelle erhellen.

4.3.5. Folgerungen für eine Indikation der kind-zentrierten Spieltherapie

Der insbesondere praktisch orientierte Leser wird sich fragen, in welchen Fällen eine nicht-direktive Spieltherapie indiziert ist und in welchen Fällen nicht.

Die soeben dargestellten empirischen Untersuchungsergebnisse erlauben beim derzeitigen Forschungsstand zwar noch keine eindeutigen Zuordnungen von Symptomatik und Therapieerfolg, sie liefern aber doch einige Anhaltspunkte für eine Indikation.

So scheint die Durchführung einer nicht-direktiven Spieltherapie bei den folgenden Störungen wirksam zu sein:

— kontaktschwache bzw. kontaktgestörte Kinder (mögliche Kontrollinstrumente: Soziogramm, SET, Eltern- und Lehrerexplorationen)
— sogenannte »verhaltensauffällige«, unangepaßte Kinder (standardisierte Beobachtungen, Symptomlisten)
— ängstliche Kinder (KAT, MAS)
— sogenannte »neurotische« Kinder (CPQ, HANES, JEPI)
— lern- und intelligenzgestörte Kinder (AzN, LPS, SIT, HAWIK etc.)

Neben den aufgeführten Kontrollinstrumenten sollten immer

140

auch standardisierte Verhaltensbeobachtungen durchgeführt werden. Es können auch weitere projektive Verfahren angewendet werden, wenn man sich der Grenzen dieser Methoden bewußt ist.

Nicht nur Mittelschicht-, sondern auch Unterschicht- und Heimkinder scheinen von der Therapie profitieren zu können. Auch die Höhe der Intelligenz scheint kein selektiver Faktor zu sein. Häufig können gerade als niedrig intelligent diagnostizierte Kinder ihre intellektuelle Leistungsfähigkeit verbessern.

Zieht man das Ausgangskonzept von ROGERS heran, so ergeben sich eher allgemeine, unspezifische Indikationshinweise: Eine nicht-direktive Spieltherapie wird danach angebracht sein, wenn innere, von außen introjizierte Blockierungen (Wertbedingungen) die Selbstverwirklichung des Individuums im sozialen, affektiven und intellektuellen Bereich verhindern. Wichtige Erfahrungen werden ängstlich ausgeschlossen und als Bedrohung erlebt. An verschiedenen Stellen konnte ja gezeigt werden, daß innere Blockierungen durch die Behandlung abgebaut werden (LANDISBERG, 1946; KRAAK, 1961; SCHMIDTCHEN, 1972).

Bezieht man die Effektivitätskriterien auch auf den außertherapeutischen Bereich, so erscheint die Mitarbeit der Eltern und günstige Einstellungsänderungen anderer Bezugspersonen des Kindes in jedem Fall eine positive Voraussetzung für zeitstabile Änderungen zu sein.

Über eine Kontraindikation lassen der klassische Ansatz von ROGERS und die Forschungsergebnisse praktisch kaum Aussagen zu. Dies erschwert eine differentielle Anwendung.

In unserer Therapiepraxis hat sich jedoch gezeigt, daß in bestimmten Fällen die Behandlung weniger Erfolg verspricht; so zeigten sich hirnorganisch-geschädigte Kinder mit ausgeprägt aggressivem Verhalten und überhaupt Kinder mit einem eher zu geringen Maß an Blockierungen und Selbstkontrollmechanismen als resistenter gegenüber Therapiefortschritten. Ob eine Einzel- oder Gruppentherapie im Einzelfall angemessen ist, wird wohl von der Symptomatik abhängig zu machen sein, abgesehen von den personellen Voraussetzungen. Mitunter erwies sich die Sequenz 1. Einzel- und 2. Gruppentherapie als nützlich.

Eine systematischere Kontrolle der durchgeführten Spieltherapien, genaue Beschreibungen der Ausgangssymptomatik, der verwendeten Kontrollinstrumente und erzielten Veränderungen erscheint äußerst sinnvoll zu sein, um die Frage der Indikation in Zukunft präziser beantworten zu können.

Ein ganz anderer Aspekt der Indikation ist bisher auch in anderen Bereichen kaum problematisiert worden: die Prophylaxe. Im Bereich der Umschulungsdiagnostik für lernbehinderte Sonderschüler ist es z. B. üblich, eine Lern- und Schulleistungsschwäche erst manifest werden zu lassen, ehe sie auf z. T. fragwürdige Weise (Umschulung) zu therapieren versucht wird. Geht man davon aus, daß auch Verhaltensstörungen eine lange »Lerngeschichte« aufweisen, so ist ihre Manifestierung praktisch der Endpunkt einer Entwicklung, in deren Verlauf man therapeutisch eher eingreifen müßte. Konkret könnte man durch eine kind-zentrierte Spieltherapie solchen Kindern vorsorglich helfen, die kurz vor oder nach einer erheblichen Belastungsprobe stehen, z. B. Ehescheidung, Umzug, Tod, Schulversagen. In vielen Beratungsgutachten wird gerade die weichenstellende Funktion der Krisensituation und der das Kind existentiell betreffenden Ereignisse hervorgehoben. Das Einüben von kind-zentriertem Verhalten, empathischem Verstehen und emotionaler Zuwendung kann bei Eltern und Pädagogen weiterhin allgemein als eine Möglichkeit zur Vorbeugung etwa von Erziehungsschwierigkeiten und zum Aufbau eines guten Beziehungsverhältnisses angesehen werden.

Die Betrachtung kindlicher Verhaltensstörungen nicht nur unter dem Gesichtspunkt der Therapie, sondern auch der Prophylaxe mündet konsequenterweise in die politische For-

142

derung nach einer Erweiterung der allgemeinen und speziellen Psychohygiene. So kann auch die kind-zentrierte Spieltherapie nur unter dieser Zielsetzung eine sinnvolle und verantwortliche Funktion erhalten. —

5. Probleme der Praxis kind-zentrierten Spielens

5.1. Protokollierung von Therapieverläufen

Im Rahmen der Darstellung von Forschungsmethoden und -ergebnissen wurde bereits auf die Notwendigkeit kontrollierten Vorgehens hingewiesen. Es kann jedoch gar nicht genug hervorgehoben werden, daß auch der Praktiker sich immer wieder Rechenschaft über sein Vorgehen ablegen sollte. Von seiten der Theorie und der Praxis stößt man so auf das Problem, nach Kontrollmöglichkeiten zu suchen, die eine Bewertung eigenen Handelns gestatten. Bevor jedoch das Geschehen kritisch bewertet werden kann (Möglichkeiten dazu wurden in Kapitel 4.3.1. diskutiert), muß es angemessen beschrieben und fixiert werden.

Im folgenden sollen daher einige gebräuchliche Methoden des Protokollierens aufgezählt werden, die jeweils dadurch gekennzeichnet sind, daß sie ganz bestimmte Aspekte gut und andere weniger gut oder gar nicht erfassen. Damit wenden wir uns insbesondere an jene Praktiker, die noch nach geeigneten Protokollierungsmethoden suchen bzw. an jene, die bereits bestimmte anwenden, um auf die Möglichkeiten und Grenzen der Verfahren hinzuweisen. Der Einsatz einer bestimmten Methode ist im Einzelfall natürlich von den gegebenen Bedingungen und Voraussetzungen abhängig.

5.1.1. Gedächtnisprotokolle

Protokolle im Anschluß an die Spielstunde werden um so mehr Spielgeschehen erfassen, je eher sie niedergelegt werden.

Auffällig ist, daß Gedächtnisprotokollanten Anfang, Ende und bestimmte Höhepunkte gut behalten, während sie andere Teile, die ihnen offensichtlich als nicht so wichtig erschienen sind, weniger gut sich merken können.

Psychologisch ist übrigens gut zu erklären, warum ein Gedächtnisprotokoll die Dinge nur einseitig und verzerrt wiedergeben kann. Der Protokollant ist zu vielen Informationen ausgesetzt, als daß er sie alle speichern könnte. Es werden nur ganz bestimmte Informationen des gesamten Angebots aufgenommen. Für den Therapeuten kommt erschwerend hinzu, daß seine Aufgabe in erster Linie nicht die ist, langfristig zu behalten, sondern in den Ablauf aktiv einzugreifen. Damit wird nun klar, daß ein Gedächtnisprotokoll Vermengungen eigener Erwartungen und Einstellungen und besonders markanter Eindrücke aufweisen wird (= Interferenzerscheinungen).

Auch wenn die Ergebnisse hohe subjektive Evidenzerlebnisse vermitteln können, muß man sich darüber im klaren sein, daß das grundlegende Kriterium der objektiven Registrierung nicht gegeben ist.

Trotzdem können bestimmte Umstände auch ihren Einsatz rechtfertigen, etwa dann, wenn keine Möglichkeiten für die Einbeziehung technischer Hilfsmittel oder Hilfspersonen zur Verfügung stehen, oder wenn der Therapeut zeitlich erheblich belastet ist. In solchen Fällen sollte man sich jedoch fragen, ob ein Beobachtungsbogen mit gezielten Fragen nicht weiterhelfen würde (etwa in der Art eines Nachbefragungsbogens, s. Seite 190), wodurch der Antwortende gezwungen wäre, sich an viele Aspekte zu erinnern.

Wenn also keine andere Methode des Fixierens der Stundenverläufe angewendet werden kann, wäre der Einsatz von Gedächtnisprotokollen noch am ehesten angebracht.

5.1.2. Simultane Spielprotokolle durch den Therapeuten

Wenn der Therapeut selbst versucht, während der Stunde mitzuprotokollieren, wird er sich sehr bald durch das Schreiben behindert fühlen, die Äußerungen des Kindes adäquat zu reflektieren. Das Kind wird ihn fragen, was und warum er schreibe, und für sich u. U. das Notieren als Überwachen seines Verhaltens interpretieren. Möglicherweise wird es sich eingeschränkt fühlen und das Verhalten des Therapeuten nicht dulden.

Kinder, die schon häufiger psychologisch untersucht worden sind (Heimkinder, Sonderschüler etc.), könnten ein anderes Situationskonzept aktualisieren, nämlich »sich von der besten Seite zeigen müssen«.

Das Protokollieren des Therapeuten selbst hat, wenn es überhaupt möglich sein sollte, den geringen Vorteil, daß das Geschehen unmittelbar erfaßt wird. Nicht nur das Verbalverhalten wird aufgenommen, sondern auch das Ausdrucks- und Spielverhalten des Kindes.

Wenn die Stunde in dieser Weise aufgezeichnet wird, sollten die Beobachtungen nicht in zufälliger, unsystematischer Form erfolgen, sondern mit Hilfe von Beobachtungskategorien. Je nach Fall kann man vorhandene Kategorien benutzen (s. Seite 185 ff.) oder eigene entwerfen. Leitgesichtspunkte könnten dabei sein: Art der verwendeten Spielsachen und Spiele, Spieldauer und Zahl der Spielwechsel, Zahl und Art der Grenzverletzungen und zusammenhängende Reaktionen, Wege des Kindes durch das Zimmer, Ausdrucksverhalten usf.

Die Protokollierung durch den Therapeuten hat natürlich auch den Vorteil, sehr arbeitsökonomisch zu sein: Weder technische Geräte, noch zusätzlicher Zeitaufwand oder der Einsatz von Hilfspersonen sind notwendig.

Dem steht jedoch der gravierende Nachteil gegenüber, daß der therapeutische Prozeß selbst durch das Mitprotokollieren des Therapeuten beeinträchtigt werden kann.

146

5.1.3. Simultane Protokollierung durch einen Helfer

Wenn ein Protokollant eingeschaltet wird, der sich auch im Spielzimmer aufhält, kann das Spiel des Kindes in ähnlicher Weise gesteuert werden (sich überwacht fühlen, Interessen an der Person des Helfers bekunden etc.).

Andererseits ist es erstaunlich, wie schnell sich Kinder an diese zusätzliche Bedingung gewöhnen können. Für dieses Protokollierungsvorgehen spricht das Argument, daß letzten Endes kein noch so perfektes Instrumentarium den geschulten Beobachter ersetzt, weil er alle Interaktionen, nichtverbales Ausdrucksverhalten und vieles andere, was sonst leicht im Geschehen untergeht, registrieren kann.

Andererseits darf man sich den Beobachter nicht als experimentelle Konstante vorstellen, die vom Kind so wahrgenommen wird wie andere Spielzimmerinventarien. Vielmehr könnte das Kind zunehmend versuchen, ihn in sein Spiel einzubeziehen, zumal es sich den Zweck seiner Anwesenheit u. U. nicht erklären kann. Möglicherweise wird sich das Kind durch ihn auch zu aggressiven Verhaltensweisen verleiten lassen.

Auch diese Protokollierungsmethode hat also den Nachteil, das Geschehen selbst mit zu beeinflussen. Man wird die Anwesenheit einer zusätzlichen Person vielleicht dann zulassen, wenn der Beobachter als Ko-Therapeut bzw. teilnehmender Beobachter fungiert (vgl. dazu: Therapeutenausbildung, Kap. 5.2., Einbeziehung von Eltern, Kap. 5.3.).

5.1.4. Simultane Beobachtung durch die Einwegscheibe

Im folgenden werden nicht nur personale, sondern auch technische Medien zur Protokollierung eingeschaltet. Eine erste Stufe der Einbeziehung solcher Technologien wäre die sogenannte »Einwegscheibe«, die so konstruiert ist, daß man bei bestimmten Beleuchtungsverhältnissen nur von einer Seite her durchsehen kann. Praktischerweise existiert meist auch eine Tonübertragung. Im Beobachtungsraum können mehrere Personen das Geschehen im Spielraum, der meist auch als Untersuchungsraum benutzt wird, verfolgen.

Die simultane Beobachtung durch die Einwegscheibe stellt in gewisser Weise schon ein Optimum dar, weil sie nicht die Nachteile der bisher genannten Methoden aufweist. Der Beobachter ist auch hier Zeuge des aktuellen, realen Gesamtablaufs, ohne unmittelbar beteiligt zu sein. Die Forschung hat von dieser Methode natürlich häufig Gebrauch gemacht, man kann sagen, daß viele Ergebnisse ohne die Einwegscheibe sicher nicht zustande gekommen wären. Insbesondere wird auch das Therapeutentraining erheblich durch die Einbeziehung dieser Beobachtungsmöglichkeit erleichtert.

Die Anschaffung und Verwendung setzt voraus, daß man auch die Nachteile kennt:

Für die Therapie macht die Scheibe eine zusätzliche Grenzsetzung nötig. — Je nach Konstruktionsprinzip (Spiegelglas oder Gitterfenster) ist die Sicht vom Beobachtungsraum aus nicht vollkommen ungetrübt, so daß nicht alle Vorgänge genau verfolgt werden können und auch das Mitschreiben nur begrenzt möglich ist. — Die Dunkelheit bedingt oft geschlossene Fenster, so daß der Aufenthalt nach längerer Zeit als belastend empfunden wird. — Zudem sind die Einbaukosten und das Material in der Regel sehr teuer.

Problematisch ist, ob dem Kind die Tatsache, daß es beobachtet wird, bewußt gemacht werden soll. Man kann so verfahren, daß man erst auf Fragen hin aufklärt. Ältere Kinder sollten hingegen schon vorher informiert werden, damit ihr Vertrauensverhältnis zum Therapeuten nicht gestört wird.

Wenn Kinder informiert werden, könnte man meinen, daß ihr Spielverhalten beeinflußt wird. Untersuchungen liegen nicht vor, die diesen durchaus strittigen Punkt aufklären könnten. Unser Eindruck ist, daß sich Kinder schnell an die unsichtbaren Beobachter gewöhnen oder sie schnell vergessen.

148

5.1.5. Tonbandprotokollierung

Der Hauptvorzug eines Tonbandgerätes als Aufzeichnungs-
gerät ist, daß *alle* akustischen Signale, also Verbalverhalten,
stimmliche Ausdrucksgebärden etc., im Spielverlauf aufgezeichnet werden, ohne daß eine Hilfsperson dazu notwendig
wäre. Dabei klingt schon der Nachteil dieses technischen In-
strumentes an: Oft ist das ausschlaggebende Verhalten nicht
akustisch wahrnehmbar, z. B. Denkvorgänge. Wie bereits dargestellt worden ist, hat man sich in Untersuchungen oft darauf
beschränkt, das Verbalverhalten zu protokollieren. Man kann
nicht sicher sein, wie auch oben betont worden ist, alle wesentlichen Prozesse auf diese Art zu erfassen.

Bestimmte Geräte bieten die Möglichkeit, über einen ein-
gebauten Lautsprecher simultan mitzuhören, so daß sich
weitere Möglichkeiten — etwa für die Therapeutenausbildung — anbieten. Ein großer Vorteil dieser Aufzeichnungs-
methode ist, daß Informationen sehr ökonomisch gespeichert
werden, so daß später systematisch Stichproben aus den Stun-
denverläufen gezogen werden können.

Schreibkräfte allerdings haben außerordentliche Schwierigkeiten, Gesprochenes schriftlich zu fixieren, weil eben alle
akustischen Signale aufgezeichnet werden. Um Störgeräusche
weitgehend zu minimieren, sollte alles getan werden, um die
Aufzeichnungsqualität zu verbessern: Hi-Fi-Bänder, höhere
Bandgeschwindigkeit, Stereoaufnahmen etc.

Auch hier tritt wiederum das Problem auf, ob das Kind
über die Aufnahme informiert werden sollte oder nicht. Unserer Erfahrung gemäß würden wir uns für die Offenheit dem
Kind gegenüber aussprechen. (Eltern *müssen* auf jeden Fall
über die Aufnahme aufgeklärt werden.) Allerdings wäre das
Gerät unbedingt dann abzuschalten bzw. zu entfernen, wenn
das Kind in seinen Spielmöglichkeiten (Wurfspiele) oder in
seiner Beziehung zum Therapeuten (»Schalten Sie das Gerät
vorher ab?«) sich eingeengt fühlt.

149

Man sollte daher Mikrofone und Gerät so aufstellen, daß sie geschützt sind und nicht unmittelbar ins Blickfeld fallen. (Etwa: Gerät im Nebenraum aufstellen, kleinere Cassetten-Recorder aufstellen etc.)

5.1.6. Videorekorder-Aufzeichnung

Ein Videorekorder verbindet Ton- und Bildaufzeichnung in einem Gerät und überträgt damit wesentlich mehr Informationen. Damit stellt es beim gegenwärtigen Stand der technischen Entwicklung das Optimum der Fixierung des Therapiegeschehens dar. Mit diesem Gerät kann die Therapie unmittelbar in einem Nebenraum, aber auch zu jedem späteren Zeitpunkt im Ganzen oder selektiv verfolgt werden. Im Gegensatz zu einem Tonbandgerät werden hier jedoch auch nicht-verbale Prozesse aufgenommen. Ein Videogerät verbindet also die Vorteile einer Tonaufzeichnung, einer simultanen Fremdbeobachtung im selben Raum und einer Beobachtung durch die Einwegscheibe miteinander. Die gegenwärtige Forschung bedient sich deshalb dieser Methode in zunehmendem Maße.

Bei aller Begeisterung für das neue Verfahren muß man jedoch auch die Probleme sehen, die es beim jetzigen technischen Stand mit sich bringt:

Zunächst sind die Anlagen sehr teuer (mindestens 2000 DM für Kamera, Stativ, Videogerät und speziell hergerichtetem Fernsehgerät). Dann sind die Bänder sehr kostspielig (etwa zehnfache Kosten von Tonbändern). Manche Fabrikate scheinen technisch so wenig ausgereift, daß sie häufiger außer Haus als einsatzbereit sind. Videobänder sind teilweise nur auf Geräten des einen, nicht jedoch eines anderen Fabrikats verwendbar, auch die Überspielung von Band zu Band ist mitunter mit technischen Komplikationen verbunden. Videobänder kann man kaum zusammenschneiden.

Die Herrichtung einer Anlage für eine Aufnahme ist teilweise sehr aufwendig. Falls die Anlage nicht fest installiert ist, sollte jemand bei der Kabelverlegung, beim Anschließen und bei Probeaufnahmen behilflich sein.

Die Therapie wird mitunter durch die Aufnahme beeinträchtigt: Abgesehen von den Informationsproblemen dem Kind gegenüber (s. o.) beeinflußt die Aufnahme insofern, als der Raum gut ausgeleuchtet sein muß, so daß sich leicht eine »Studioatmosphäre« ergeben könnte. Das kindliche Verhalten muß zusätzlich begrenzt werden, weil die Kamera recht teuer ist; sie sollte übrigens geschützt, schwenkbar und möglichst in doppelter Ausführung installiert sein.

Bei aller Kritik darf man nicht übersehen, daß es sich um rein technische Probleme handelt, die prinzipiell auch schon heute lösbar sind.

Jede Erziehungsberatungsstelle, jede Kinderklinik, überhaupt jeder Beratungsraum sollte mit einer Videoanlage ausgestattet sein, weil bei richtiger Verwendung und gezieltem Einsatz nicht nur die kind-zentrierte Arbeit effizienter gemacht werden kann. (Vornehmlich die vorgesetzten geldgebenden Instanzen sollten von der Notwendigkeit einer Installation überzeugt werden.)

5.1.7. Kombination verschiedener Protokollierungsmethoden

Für die Praxis ist unmittelbar evident, daß der vorgeschlagene technische Apparat nicht für jede Spielstunde eingesetzt werden sollte. Wie später beschrieben werden wird, reicht es mitunter aus, stichprobenartig den Verlauf einer Therapie zu verfolgen.

Es gibt außerdem noch zwei weitere Möglichkeiten:

1. Der alternierende Einsatz der Medien
2. Kombination mehrerer Medien

Kombiniert man mehrere Möglichkeiten, das Spielgeschehen aufzuzeichnen, kann man mehrere Zwecke damit verfolgen. Zum einen kann es aus Forschungsgründen interessant sein; tatsächlich gibt es bisher keine gesicherten Ergebnisse, die die Effizienz verschiedener Aufzeichnungsmethoden betreffen. Zum anderen kann daran gelegen sein, mit Hilfe verschiedener Methoden auch verschiedene Aspekte des Spielgeschehens in den Griff zu bekommen.

Sollte ein Videorekorder zur Verfügung stehen, wäre eine zusätzliche Beobachtung durch die Einwegscheibe wünschenswert, weil die Fernsehaufzeichnung subtilere Vorgänge (Einzelbewegungen etc.) nicht aufnehmen kann.

Steht kein Videorekorder, jedoch ein Tonbandgerät zur Verfügung, sollte man dafür Sorge tragen, daß die nichtverbalen Vorgänge mitbeobachtet und mitprotokolliert werden (optimal durch die Einwegscheibe, sonst durch einen Beobachter im Raum).

Hat man weder Hilfspersonen noch einen Videorekorder zur Verfügung, sollte man das Tonbandprotokoll durch eigene Beobachtungen ergänzen. Dies könnte so geschehen, daß man später eine zunächst freigelassene Spur bespricht (nur bei bestimmten Geräten möglich).

Wir hatten am Beginn dieses Kapitels betont, daß eine Protokollierung des Spielgeschehens notwendig ist, um Kind- und Therapeutenverhalten laufend zu kontrollieren.

Im Sinne informationstheoretischer Modelle könnte man sagen, daß diese Protokollierung eine Rückmeldung für den Therapeuten ist, nach der er sein künftiges Verhalten ausrichten kann (Vergleich von Ist- und Sollzuständen).

Hier liegt der Gedanke nahe, auch dem Kind ein solches Feedback zu ermöglichen. DORFMAN schreibt dazu:

»Ein Kind, das einen Teil seines auf Band protokollierten Materials noch einmal hören kann, reagiert gewöhnlich zunächst mit Verlegenheit. Danach kann es allerdings zu über-

152

raschenden Einsichten gelangen, wie zum Beispiel: ›Ich wußte gar nicht, daß ich so herrisch bin‹ oder ›So habe ich mich also aufgeführt‹. Eine Untersuchung dieses besonderen Problems ist nie durchgeführt worden; es wäre jedoch eines Versuchs durchaus wert« (DORFMAN, in ROGERS, 1973, S. 243 f.).

5.2. *Kategorisierungen von Verhaltensbeschreibungen und Verhaltensbeurteilungen*

5.2.1. Verhaltensbeschreibungen

Laientherapeuten machen oft den Fehler, nicht hinreichend zwischen Verhaltensbeobachtung und Verhaltensbeurteilung zu unterscheiden.

Verhaltensbeobachtung ist zunächst definiert als »methodisch kontrollierte Wahrnehmung« (s. dazu HASEMANN, 1964). Die Auswertung von Beobachtungsdaten nach bestimmten wertenden Kriterien ist dann erst die Verhaltensbeurteilung.

Verhaltensbeobachtungen lassen sich nach mehreren Kriterien unterscheiden. Im Alltag macht man viele *Gelegenheitsbeobachtungen,* die gewissermaßen zufällig, beiläufig anfallen. Im Gegensatz dazu spricht man von einer *standardisierten* Beobachtung, wenn die Situationen erst aufgesucht werden müssen, in denen das interessierende Verhalten wahrscheinlich anzutreffen ist. In der Kindertherapie werden wir es meist mit Beobachtungen des zweiten Typus zu tun haben, da sie erst zuverlässige Daten liefern.

Innerhalb einer standardisierten Situation kann man wiederum danach unterscheiden, ob sie fortlaufend oder intermittierend durchgeführt werden. Bedenkt man die relativ geringe Kanalkapazität des Menschen, wird man sich häufig für eine stichprobenartige Beobachtung entscheiden, etwa nach

153

dem Typus: zwei Minuten Beobachtung, zwei Minuten Pause etc. Weiterhin lassen sich Beobachtungen danach einteilen, ob sie ungebunden oder gebunden stattfinden. Frei beobachten heißt dann, alle Einzelheiten in der Reihenfolge ihres Eintretens zu protokollieren. Auch dabei dürften die Grenzen menschlicher Kapazität bald sichtbar werden. Hinzu tritt der Nachteil, daß die Informationsfülle nur schlecht auszuwerten ist. So sind etwa die vollständigen Protokolle dreier Spielstunden nur sehr schwer vergleichbar; man wird im Nachhinein ordnende Gesichtspunkte einführen. Die gebundene Form ist in diesem Punkt praktikabler und ökonomischer, weil der Beobachter noch während des Ablaufs seine Wahrnehmungen bestimmten Kategorien zuordnet. Das anzuwendende System muß allerdings gut bekannt sein und alle möglichen Verhaltensweisen umfassen. Kategoriensysteme kann man selbst entwickeln (s. dazu Anhang S. 184) oder vorhandene übernehmen.

Ordnungsgesichtspunkte für ein Beobachtungssystem können sein:

— Selbstreferenzen des Kindes (Sätze, die sich auf die eigene Person beziehen)
— Selbstbewertungen, positive und negative Selbstverstärkungen (»das habe ich gut gemacht«)
— Verbalisierungen, die auf die Spielaktivität bezogen sind
— Informationsfragen des Kindes (»Darf ich hier . . .? Wieviel Zeit habe ich noch?«)
— Bewertungen der Person und der Verhaltensweisen des Therapeuten
— Angabe von Zielperspektiven, Handlungsplänen (»Für heute habe ich mir vorgenommen, . . .«)
— Spielabbrüche: Zahl, Zeitpunkte, Arten, Anlässe
— Spielaktivitäten: Zahl, Dauer, Arten, Einleitungen, Intensitäten (auf einer Skala einschätzbar)
— Reaktionen auf Therapeutenäußerungen (sich nicht darum

kümmern, bestätigen, in Äußerungen fortfahren, ärgerlich darauf reagieren etc.)

Wie in Kap. 4.3.2. beschrieben, sind häufig systemstiftende Kategorisierungen in Untersuchungen verwendet worden, ohne daß man uneingeschränkt eine befürworten könnte. Zwei solcher Systeme sind im Anhang abgedruckt (vgl. Anhang S. 185 ff.). Bei der Verwendung solcher Kategorien muß man bedenken, daß sie nach Validitätsgesichtspunkten bisher nicht untersucht worden sind, so daß man noch immer annehmen muß, daß sie lediglich inhaltlich valide sind; ob sie tatsächlich das Wesentliche erfassen, weiß man also nicht.

An früherer Stelle hatten wir bereits über die weiteren Probleme dieser Methode der Datenerhebung gesprochen. Wesentlich ist, daß Verhaltensbeobachtung immer *selektiv* ist, weil Lerngeschichte und Erwartungen sowie Einstellungen des Beobachtenden die zentralen Vorgänge mit steuern. Beobachtungsfehler kommen also dadurch zustande, daß ungewollt Interpretationen einfließen. Daneben kann auch der momentane psychophysische Zustand des Beobachtenden verfälschend einwirken. So kann es geschehen, daß die Beobachtungen im Kategoriensystem falsch eingeordnet werden, daß eine unrichtige zeitliche Zuordnung erfolgt, daß der falsche Proband bezeichnet wird, daß die Vorgänge übertrieben wahrgenommen werden oder ganz übersehen werden etc.

Beobachtungsfehler können durch ein entsprechendes Training minimiert werden. Man könnte zwei Stadien eines solchen Übungsprogramms unterscheiden: 1. Beobachtenlernen an statischen oder schnell reproduzierbaren Objekten; dabei kann gelernt werden, auch auf bisher Übersehenes zu achten. 2. Sprachliches Ausformulieren; nicht selten werden richtige Beobachtungen sprachlich unrichtig beschrieben, die Hauptfehlerquelle ist dabei das Bewerten an sich wertungsfreier Vorgänge. Ein Beobachtungstraining sollte dahin führen, daß alle Teilnehmer am Schluß die Vorgänge in fast gleicher Weise protokollieren. Wenn die Beobachtung als Kontrollinstrument eingesetzt wird, muß man ja einigermaßen sicher sein, daß das Verhalten objektiv fixiert ist. Nicht nur für die nachträgliche Kontrolle ist Verhaltensbeobachtung wichtig; schon in der Therapie »muß der Therapeut wachsam sein in bezug auf die Gefühle des Kindes« (AXLINE), d. h. das kindliche Verhalten sehr genau beobachten; erst unter dieser Voraussetzung wird ihm eine treffende Reflektierung gelingen können.

Auf eine mögliche verhaltensanalytische Kontrolle im Sinne von Verhaltenstherapien hatten wir bereits auf S. 95 hingewiesen.

5.2.2. Verhaltensbeurteilungen

Verhaltensbeurteilungen sind gewissermaßen die Auswertungen von Verhaltensbeobachtungen. Auch hier ließe sich eine Einteilung in »freie« und »gebundene« Verhaltensbeurteilung denken. Tatsächlich wird die Verhaltensbeurteilung in den meisten Fällen mit Hilfe von Beurteilungsskalen durchgeführt. Diese Skalen können ganz verschieden aussehen. So gibt es graphische und numerische Skalen, auf denen das Verhalten des Kindes oder des Therapeuten eingeschätzt werden kann.

Im Anhang finden sich Skalen, die bisher erfolgreich angewendet worden sind. (Vgl. S. 193 f.)

Um Beurteilungsfehler auszuschließen, sollte auch ein entsprechendes Training eingeführt werden. Die Fehler sind auch aus anderem Zusammenhang bekannt, im wesentlichen handelt es sich um die folgenden:

— Zentraltendenz: Der Beurteiler ordnet seine Urteile um den Mittelpunkt der Skala an.
— Extremtendenz: Neigung zu extremen Urteilen.
— Halo-Effekt (auch Hof-Effekt oder Überstrahlungseffekt

156

genannt): Der Beurteiler schätzt ein Merkmal gemäß seinem Gesamteindruck vom Kind ein.
— Milde-Tendenz: Ungünstige Urteile werden vermieden.
— Fehler der Nähe: Unmittelbar hintereinander stehende Items werden — unabhängig von ihrem Inhalt — ähnlich beurteilt.

Beurteilungsfehler können teilweise schon durch eine günstige Item-Abfassung gemindert werden; man kann z. B. inhaltlich einander unähnliche Items hintereinander stellen oder einige Items negativ formulieren; überhaupt hilft bereits eine deutliche Formulierung.

Andere Fehler werden in einem Beurteilungstraining angegangen. Dabei müssen die Skalen zunächst inhaltlich vertraut gemacht werden, wobei Unklarheiten oder Formulierungsschwierigkeiten beseitigt werden können. Die Teilnehmer an einem solchen Kurs müßten am Ende eine vorgegebene Reaktion in gleicher Weise einstufen. Der Weg dorthin führt über Demonstrationsbeispiele und Diskussionen.

Übrigens können manche Beurteilungsfehler schon dadurch gemildert werden, daß sie bewußt gemacht werden.

Andere Fehlerquellen liegen in der Person des Beurteilenden selbst begründet (Lerngeschichte, soziale Schichtzugehörigkeit etc.). Wie im nächsten Abschnitt ausgeführt werden wird, ist es ratsam, neben der Therapeutenausbildung eine Selbsterfahrungsgruppe einzurichten. Die für Fehlbeurteilungen verantwortlichen persönlichen Faktoren können hier zur Sprache kommen, zum Individuum rückgekoppelt werden und so möglicherweise eine Veränderung erfahren.

Beurteilung innerhalb der Kindertherapie kann eng als Verhaltensbeurteilung aufgefaßt werden; um Prozesse und Ergebnisse der Therapie zu kontrollieren, kann man auch andere psychodiagnostische Verfahren einbeziehen. Wie in Kap. 4.3.1. bereits beschrieben, handelt es sich im wesentlichen um die folgenden Instrumente:

— Fragebögen (zur Messung von Persönlichkeitsveränderungen bei Kindern und Therapeuten)
— Projektive Verfahren
— Intelligenztests
— Leistungstests
— Sozialtests

5.3. Trainingsmöglichkeiten

Im folgenden werden einige Vorschläge unterbreitet, die möglicherweise geeignet sind, Therapeutenverhalten effektiv zu trainieren.

Die aufgeführten Möglichkeiten sind dabei nicht nur als Anleitung für einen Trainingskurs zu verstehen, in dem eine Phase die nächstfolgende voraussetzt. Vielmehr denken wir an Praktiker, die nach eigenen Bedürfnissen zu Trainingsansätzen angeregt werden können.

Wir sind allerdings der Meinung, daß man das nicht-gelenkte Spiel mit Kindern nicht nur im Selbststudium erlernen kann, sondern zusätzlich das Gespräch mit Kollegen suchen sollte. Praktisch orientierte Seminare mit Studenten haben gezeigt, daß während solcher Trainingsphasen in zunehmendem Maße eigene Einstellungen reflektiert und eigene Persönlichkeitsinkongruenzen aktualisiert werden. Aus Forschungsgründen wäre daher eine Vortestung der Teilnehmer mit den üblichen Persönlichkeitsverfahren (MMPI, MPI, MMQ, FPI, FDE etc.) durch Fachpersonal angemessen, um mögliche Gesetzmäßigkeiten von Persönlichkeitsveränderungen bei werdenden Therapeuten aufgrund eines solchen Trainings aufzudecken. Praktikern dagegen würden wir empfehlen, neben der Teilnahme an einem Formaltraining an Selbsterfahrungsgruppen unter nicht-direktiver Anleitung zu partizipieren, weil hier die Möglichkeit besteht, mit Hilfe anderer alte und neue Erfahrungen kritisch zu reflektieren.

5.3.1. Informationssammlung

Jeder Praxis sollte eine gründliche theoretische Reflexion vorausgehen. Diese müßte hier mit einem Studium der Grundgedanken von ROGERS beginnen, sich mit der Übertragung durch AXLINE beschäftigen und schließlich durch eine Einführung in die Verhaltenstheorien und Verhaltensmodifikationsmöglichkeiten abgerundet werden. Das Literaturstudium sollte schließlich in eine intensive Auseinandersetzung mit den Therapiezielen und -prozessen, mit den Therapeuten- und Klientenvariablen münden, wobei zugrundeliegende gesellschaftliche Probleme unbedingt mitreflektiert werden müßten (z. B.: Wer bestimmt, was normal ist? Wer setzt Normen? Werden Kinder durch bestimmte gesellschaftliche Interessen manipuliert? Welche politische Funktion hat die Therapie? etc.).

5.3.2. Veranschaulichung

Die Begegnung mit der Praxis der kind-zentrierten Spieltherapie sollte in Wechselbeziehung mit der theoretischen Auseinandersetzung stehen. Es muß deutlich werden, daß diese Praxis eine unmittelbare Theorieanwendung ist.

Man kann zunächst so vorgehen, daß man sich mit vollständigen schriftlichen Protokollen von Spielstunden vertraut macht. Tonbandausschnitte können dann einen Einblick in die Spielzimmeratmosphäre vermitteln. Nach unseren Erfahrungen hat sich die parallele Verwendung von schriftlichen und akustischen Protokollen bewährt; anscheinend wird auf diese Weise Deutlichkeit des Gesprochenen und Ausdrucksgehalt optimal übermittelt.

Noch informativer wäre natürlich der Einsatz eines Video-Bandes zur Veranschaulichung, wenn ein Gerät zur Verfügung steht. Schließlich könnte die Begegnung mit der

Realsituation durch die simultane Teilnahme hinter der Einwegscheibe oder durch die teilnehmende Beobachtung (als Protokollant etwa) im Spielzimmer erfolgen.

Eine zu frühe Konfrontation mit der Realsituation führte allerdings bei einigen Teilnehmern unserer Seminare zu der Meinung, daß die Realisierung des Therapeutenverhaltens leicht fallen müsse. Man sollte den dann folgenden Frustrationserlebnissen dadurch vorbauen, daß die Schwierigkeiten rechtzeitig bewußt gemacht werden.

5.3.3. Übung von Therapeutenreaktionen

Wenn einige Verhaltensmuster von Therapeuten bekannt sind, können eigene Reaktionsgewohnheiten aufgebaut werden. Man kann der Meinung sein, daß Laientherapeuten sofort in die Ernstsituation entlassen werden sollten, um ihnen sofort die einschlägigen Erfahrungen zu vermitteln. Wir sind der Auffassung, daß eigene Reaktionen auf vorgegebene Situationen ohne Kinder zuerst geübt werden sollten, und zwar aus didaktischen und moralischen Erwägungen (dem Kind gegenüber).

Man könnte nun so vorgehen, daß aus dem schriftlich fixierten Spielkontext eine Situation herausgegriffen wird, der mehrere vorgegebene Therapeutenäußerungen gegenübergestellt werden; ein Laientherapeut hätte dann aufgrund der ihm bekannten Beurteilungsskalen zu entscheiden, welche der angebotenen Möglichkeiten die Prinzipien optimal verwirklicht und warum sie es tut (vgl. dazu Anhang S. 201).

In einem nächsten Schritt könnten dann eigene Äußerungen auf vorgestellte Reizsituationen erfolgen, die nach denselben Kriterien zu beurteilen und auf mögliche Verbesserungen hin abzutasten sind (s. dazu Anhang S. 203).

Es hat sich als günstig erwiesen, wenn alle Gruppenteilnehmer ihre Replik zunächst aufschreiben. Alle Äußerungen

160

können dann gegenübergestellt, diskutiert und skaliert werden, so daß sich eine Präferenzordnung den Kriterien gemäß aufstellen läßt.

Schließlich sollten die Reaktionen unmittelbar nach der Vorstellung der Situation gegeben werden, wodurch der Laientherapeut den zeitlichen Druck zu spüren bekommt, unter dem er in der realen Situation stehen wird.

Noch wirklichkeitsnäher ist das Anhalten des Ton- oder Videobandes nach einer kindlichen Äußerung; die Teilnehmer sind dann aufgefordert, sich sofort zu äußern. Auch bei diesem Vorgehen könnten verschiedene Reaktionsweisen verglichen werden. Darüber hinaus kann die tatsächlich erfolgte Therapeutenäußerung in ihrer Auswirkung auf das weitere kindliche Verhalten abgeschätzt werden. Der Laientherapeut würde überdies lernen, innerhalb fortlaufender Situationssequenzen zu reagieren.

Das Training wird bis hierher vielleicht einen unernsten, artifiziellen Charakter haben können, so daß man weitere Möglichkeiten ins Auge fassen sollte, die Ernstsituation vorzubereiten. Eine Chance könnte das *Rollenspiel* dazu bieten, in dem zwei Gruppenmitglieder Kind und Therapeut spielen.

Diese Methode bietet nicht nur den Vorteil, daß Therapeutenverhalten in Sequenzen geübt, anschließend diskutiert und bewertet werden kann, sondern auch die Möglichkeit, sich ganz in die Gedanken und Gefühle eines Kindes zu vertiefen. Erfahrungen mit Lehrerstudenten haben gezeigt, daß es diesen mitunter sehr schwer fällt, die Rolle des Kindes zu spielen. In solchen Fällen wäre anzuraten, sich vor dem Rollenspiel einen ungefähren Handlungsplan zu machen. Problematisch ist dieses Vorgehen deshalb, weil die Situation auf die Beteiligung sehr unecht wirken könnte, so daß kein Lerneffekt erreicht wird. Eine Voraussetzung zum Gelingen wäre also die grundlegende Bereitschaft aller, mitzuspielen. Übrigens stellt sich diese Schwierigkeit im Rahmen der Gesprächstherapieausbildung nur selten ein. Hier äußern Trai-

161

ningsteilnehmer aktuelle eigene Probleme, die Echtheit ist so gesichert. Vielleicht könnte man ein Rollenspiel in unserem Rahmen ebenso einleiten. Oben hatten wir auf die begleitende Selbsterfahrungsgruppe hingewiesen; in ihr könnten ebenfalls solche Erfahrungen des Beratens und Beraten-Werdens gemacht werden.

Es gibt noch eine andere — oben bereits angesprochene — Möglichkeit, in einer realen Situation eigene Äußerungen zu üben: Der Trainingsteilnehmer könnte als Protokollant, als teilnehmender Beobachter oder Ko-Therapeut mit in das Spielzimmer gehen und in die therapeutische Situation einbezogen werden. Er könnte immer dann reagieren, wenn er glaubt, eine passende Äußerung parat zu haben, und kann gegebenenfalls vom Therapeuten ergänzt werden. Es könnte sein, daß er so in sukzessiver Annäherung an das Modellverhalten des Therapeuten schneller das Lernziel erreicht.

Untersuchungen zur Effektivität eines solchen Vorgehens liegen natürlich nicht vor. Man kann sich aber leicht vorstellen, wie diese Situation auf Kinder wirken könnte, die in der normalen Situation schon auffällig reagieren. Es müßten dazu also (gesunde) Kinder zur Verfügung stehen, denen die Anwesenheit von zwei Erwachsenen nichts ausmacht.

5.3.4. Kontrollierte Durchführung

Nach so gestalteten Vorbereitungen könnte der Teilnehmer in die Ernstsituation entlassen werden. Dabei sollten natürlich weiterhin Kontrollinstanzen eingebaut sein, die ihm eine Rückmeldung eigener Verhaltenseffekte und eine entsprechende Korrektur ermöglichen sollen, wobei alle besprochenen technischen Hilfsmittel eingesetzt werden können.

In unseren Praxisseminaren hat sich die gegenseitige Kontrolle der Teilnehmer bewährt, zumal der Übungsleiter nicht alle Stunden beobachten konnte.

162

Im Mittelpunkt der kontrollierten Durchführung steht also die Rückmeldung an den Laientherapeuten. Sie kann wie bisher dargelegt vorgenommen werden: Stichproben von Äußerungen ziehen, notieren, nach den vorgegebenen Kriterien bewerten. Der Kandidat kann zu eigenen Verbesserungsvorschlägen angehalten werden, seine Vorschläge für künftige Veränderungen sowie die sichtbar gewordenen Fortschritte des Kindes können diskutiert werden. Die Diskussionen werden sich natürlich an jenen Äußerungen besonders entzünden, bei denen Selbst- und Fremdeinschätzung stark divergieren.

Zwei Probleme wurden bisher in unseren Seminaren deutlich:

1. Die Fülle der auftretenden Probleme kann in der zur Verfügung stehenden Zeit kaum angegangen werden. Wir sind so vorgegangen, daß zunächst von den Teilnehmern alle aufgetretenen Probleme genannt, dann nach Dringlichkeit und Wichtigkeit geordnet und schließlich zu lösen versucht wurden.

2. Nach Angabe der Studenten hielten sie Rückmeldungen durch den Übungsleiter oft für angemessen, jedoch durch die zeitliche Verzögerung — frühestens gleich nach der Stunde — für zu spät eintreffend. Sie äußerten den Wunsch, besonders in problematischen Situationen ein sofortiges Feedback zu erhalten.

Die Übungsleiter versuchten, eine aus der Verhaltenstherapie bekannte Technik anzuwenden, die geeignet erschien, angemessene Verbalisierungen der Studenten kontinuierlich bzw. intermittierend zu verstärken. Die Teilnehmer auf der anderen Seite jedoch waren teilweise so engagiert, daß sie die Signale gar nicht bewußt wahrnehmen konnten. Andererseits hatten sie derartige Verstärkungen gar nicht nötig, da sie sehr gut über angemessene und weniger gute Thera-

163

peutenverhaltensweisen informiert waren. In bestimmten Situationen dagegen litten sie darunter, keine geeignete Reaktion parat zu haben. Man empfand diesen Mangel dann um so stärker, je mehr man meinte, daß das Spiel des Kindes und die weitere Therapie dadurch negativ beeinflußt worden seien. Die Nennung von Verhaltensalternativen *nach* der Stunde schien einfach zu spät zu kommen. Möglicherweise kann das Funksprechprinzip das Problem lösen helfen: Der Laientherapeut hat dabei einen Knopfhörer im Ohr, der mit einem Empfangsgerät (in der Größe einer Brieftasche) verbunden ist. Auf ein verabredetes Zeichen hin könnte der Trainer vom Beobachtungsraum aus einen Verbalisierungsvorschlag machen, ohne daß das Kind dies hört.

Die Erfahrungen des angehenden Therapeuten während dieser letzten Ausbildungsphase sollten natürlich auch in die Selbsterfahrungsgruppe eingebracht werden.

Wenn vor dem Training ein Vortestprogramm durch Fachleute durchgeführt worden ist, wäre es nun an der Zeit, die Nachtestung vorzunehmen.

5.4. *Einbeziehung von Bezugspersonen*

Die Einbeziehung von Bezugspersonen in die Behandlung widerspricht dem orthodoxen Konzept der nicht-direktiven Spieltherapie. AXLINE schreibt:

>»Ich bin nicht dafür, daß Eltern bei Therapiestunden anwesend sind oder Bandaufnahmen aus den Stunden abhören.« (1972, S. 55 f.)

Sie war überhaupt der Meinung, daß das Kind am besten seine Probleme zu lösen imstande ist, wenn es von seinem sonstigen sozialen Kontext abgehoben ist. Es interessierte allein die Verbindung zwischen Kind und Therapeut, weil

164

man davon überzeugt war, daß das Kind aus eigener Kraft therapeutische Erfahrungen auf andere Partnerbeziehungen generalisieren könnte.

Wie im folgenden Modell gezeigt wird, kann das Kind als Bezugspunkt verschiedener sozialer Einflußgrößen gesehen werden.

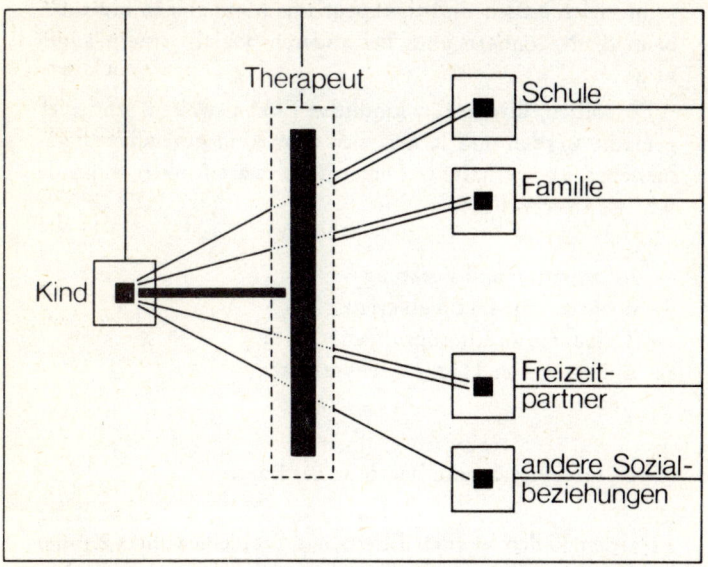

Abb. 13: Das Kind als Bezugspunkt verschiedener sozialer Einflüsse

Die hauptsächlichsten sozialen Bezugspartner des Kindes finden sich also in Schule (Kindergarten), Elternhaus (Heim), im Freizeitbereich. Alle Sozialbeziehungen hängen wiederum von gesellschaftlichen Rahmenbedingungen ab. Das Kind-Therapeut-Verhältnis ließe sich zunächst als gleichrangige Sozialbeziehung denken. Tatsächlich sieht es nach dem theoretischen Konzept so aus, daß sie alle anderen Verbindungen beeinflußt.

165

Wenn man davon ausgeht, daß in den Bezugspartnern selbst Bedingungen für die Entstehung und Aufrechterhaltung problematischen kindlichen Verhaltens zu suchen sind, wird man sich nicht auf das Kind-Therapeut-Verhältnis beschränken können. Konkret folgt daraus, daß Schule, Elternhaus und Freizeitpartner in die Therapie einbezogen werden müssen.

In vielen Fällen sind therapeutische Maßnahmen nicht nur beim Kind, sondern auch bei anderen Sozialpartnern angezeigt.

So sollten Eltern für kindliche Erlebnisweisen sensitiver gemacht werden und lernen, sich dem Kind gegenüber angemessener zu verhalten. Diese Ziele wären über folgende Schritte zu erreichen:

— Information und Beratung
— Beobachtung des Spielverlaufs
— Teilnahme an Elterngruppen
— Einübung von Therapeutenverhalten.

5.4.1. Information und Beratung der Eltern

In vielen Fällen werden Eltern mit Problemen ihres Kindes konfrontiert, die sie nicht verstehen und auf die sie sich nicht einstellen können, weil sie zu wenig informiert sind. Zunächst müßte es darauf ankommen, daß sie über psychologische Zusammenhänge aufgeklärt werden. In manchen Fällen genügt bereits eine solche Information, um konstruktive Verhaltensänderungen einzuleiten.

Sehr viele Eltern jedoch suchen nach einer weitergehenden Beratung im Sinne von Handlungsanweisungen, da ihnen keine Verhaltensalternativen zur Verfügung zu stehen scheinen. Probleme ergeben sich dann, wenn ernsthaft versucht

166

wird, Ratschläge in konkretes Verhalten umzusetzen. Zum einen können diese in Widerspruch zu bestehenden elterlichen Erziehungskonzepten stehen, zum anderen kann das vorgeschlagene Verhalten im elterlichen Verhaltensrepertoire überhaupt noch nicht repräsentiert sein. Wenn die Eltern dennoch versuchen, gegebene Ratschläge in die Tat umzusetzen, fehlt ihnen zumeist eine Rückmeldung darüber, wie erfolgreich ihre Maßnahmen waren.

Daraus folgt, daß ihnen Gelegenheit gegeben werden muß, ihr Einstellungskonzept zu überprüfen, ihr Verhaltensrepertoire durch Beobachtung von Modellen zu bereichern und eine Rückmeldung über das Verhalten den eigenen Kindern gegenüber zu erhalten.

5.4.2. Beobachtung des Spielverlaufs durch Eltern

Wenn ein Therapeut als Verhaltensmodell für Eltern fungiert und ihnen zeigt, wie man sich akzeptierend, freundlich, verstehend, kind-zentriert verhalten kann, so können sie die Erfahrung machen, wie verschieden ihre Kinder hier im Gegensatz zur häuslichen Situation reagieren, wenn Anweisungen, Kontrollen, Bewertungen des kindlichen Verhaltens weitgehend ausbleiben.

Über die Verbalisierung des Therapeuten kann eine höhere Sensitivität gegenüber kindlichen Gefühlen und Einstellungen bei den Eltern erreicht werden.

Das Mitverfolgen gerade ablaufender Spielstunden kann auch über Ton-, Bildträger und die Einwegscheibe sowie durch direkte Verhaltensbeobachtung im Spielzimmer geschehen. Durch die unmittelbare Teilnahme einer Mutter könnte sich das Kind zunächst eingeschränkt fühlen, mit der Zeit aber in Gegenwart der Mutter zu angenehmen Spielerfahrungen kommen, wodurch Generalisierungen erleichtert würden. Die Mutter auf der anderen Seite fühlt sich unmittelbar in das therapeutische Geschehen einbezogen.

Nach solchen Beobachtungsstunden sollte die Mutter Gelegenheit bekommen, Informationsfragen zu stellen und eigene Meinungen und Gefühle anzusprechen.

5.4.3. Teilnahme an Elterngruppen

Elterngruppen sind in diesem Zusammenhang etwa als Selbsterfahrungsgruppen zu verstehen, in die die Beteiligten die Schwierigkeiten mit den eigenen Kindern, mit den Ehepartnern und andere persönliche Konflikte einbringen können.

Die Eltern erfahren hier, daß andere vor ähnlichen Schwierigkeiten wie sie selbst stehen, und daß ganz unterschiedliche Einstellungen zu Erziehungsfragen existieren.

Durch das Reflektieren der Gruppenprozesse durch den Gruppenleiter und seine Art, auf Äußerungen einzugehen, wird das gegenseitige Verständnis gefördert und unter Umständen ein therapeutischer Prozeß in Gang gesetzt.

5.4.4. Einüben von Therapeutenverhalten durch die Eltern

Wie beim Therapeutentraining können auch hier Verbalisierungsübungen am Anfang stehen. Therapeutenäußerungen werden danach beurteilt, in welchem Ausmaß vorgegebene Prinzipien realisiert werden. Es könnten dann Rollenspiele folgen, in denen Eltern die eigenen Kinder darstellen. Im Anschluß daran würden die Eltern Spieltherapiestunden mit ihren Kindern unter Aufsicht durchführen. Die aufgetreten Probleme können in der Gruppe besprochen, andere Realisierungsmöglichkeiten diskutiert werden. Schließlich werden die Stunden zu Hause fortgesetzt, wobei es wichtig wäre, daß entsprechendes Spielmaterial und ein geeigneter Raum zur Verfügung stehen. Die Eltern protokollieren das Geschehen mit, tragen es dem Supervisor bzw. der Gruppe vor und erhalten von dort ein Feedback.

CARKHUFF und BIERMAN (1969) sowie GUERNEY (1964), GUERNEY, GUERNEY und ADRONICO (1970) haben ähnliche Trainingsmöglichkeiten vorgeschlagen und teilweise erfolgreich empirisch erprobt (sogenannte Filialtherapie).

Eine bisher nicht explizierte Möglichkeit der Einbeziehung von Bezugspersonen besteht darin, einen Elternteil und das Kind gleichzeitig im Spielzimmer zu behandeln. Ein solches Vorgehen würde etwa einer Gruppentherapie entsprechen, bei der der Therapeut die Aufgabe hat, Prozesse zwischen beiden Klienten zu reflektieren.

Mit einem so gestalteten Verfahren würde der soziale Kontext in stärkerem Maße als bisher in die Therapie einbezogen werden.

Nach unserer Erfahrung hat es sich als günstig erwiesen, wenn das Kind als weitere Bezugspersonen auf eigenen Wunsch Geschwister oder Freunde mitbringen darf. Die Kinder könnten so untereinander lernen, die auftauchenden Konflikte auf eine angemessenere Art zu lösen als bisher.

Blicken wir auf das auf Seite 165 abgebildete Modell zurück, so sehen wir, daß es Möglichkeiten gibt, zwischen der Therapie und anderen wichtigen sozialen Einflußgrößen konkrete Verbindungen herzustellen.

5.5. *Auswahl von Spielmaterial*

AXLINE (1972, S. 55 f.) schlug für alle Altersstufen ein relativ einheitliches Spielmaterial vor:

— Babyflaschen, Puppenfamilie, Puppenhaus, große Puppe, Kasperletheater mit Spielpuppen, Papierpuppen, Spiel-

169

soldaten, Spieltiere, Spielkanonen, kleine Wagen, Spielflugzeuge, Telefon
— Bleistifte, Ton, Fingerfarben, Holznägel, Holzhammer, Zeichenpapier, Zeitungspapier, Sand, Wasser, Schüssel, Besen, Mop
— Zweckmäßige Möblierung, geschützte Fenster und Böden, Sandkiste, Ablageborte, Tisch, Staffelei, Platte für Fingermalen und Tonarbeiten
— weniger: Würfelspiele, mechanisches Spielzeug

LEBO (1958) konnte nachweisen, daß die normalerweise in nicht-direktiven Therapien verwendeten Spielsachen einen unterschiedlichen Gehalt an Anregung zum Sprechen aufweisen. Nach seinen Angaben fördern die Spielsachen in der folgenden Reihenfolge kindliche Verbalisierungen:

Möbliertes Puppenhaus und Puppenfamilie, Ausstattungen zum Malen, Sandkiste, Wandtafel und Kreide, Gewehre, Malbücher, Handpuppen, Luftballone, Babyflaschen, Filme, Wasserbassin, Knallpistolen, Klebstoff, Töpfe, Seile, Tiere, Holzstücke, Bälle, Kreiden, Babypuppen, Pfeil und Bogen, Ton, Autos, Brettspiele, Schaufel, Masken, Spielsoldaten, Wasserfarben. Aufgrund entwicklungsbedingter Tatsachen muß man jedoch davon ausgehen, daß die Spielzeuge in verschiedenen Altersstufen einen anderen Aufforderungscharakter besitzen. Einen ungefähren Anhaltspunkt zu seiner Abschätzung gibt die Tabelle des »Arbeitsausschusses Gutes Spielzeug« (Ulm) (s. Seite 172 u. 173).

Man muß bedenken, daß die hier aufgeführten Spielsachen nicht speziell für ein Spieltherapiezimmer ausgewählt worden sind. Immerhin sind gewisse Schwerpunkte kindlichen Spielinteresses in verschiedenen Altersstufen erkennbar.

Im Rahmen der kind-zentrierten Spieltherapie wirkt nach LEBO (1956) das von Therapieexperten vorgeschlagene Spielmaterial auf das Sprachverhalten von Vier- bis Zwölfjährigen unterschiedlich:

170

Alter:	4	6	8	10	12
Prozent:	28 %	21 %	20 %	23 %	8 %

(Prozentangaben = relative Häufigkeiten des Sprechens in verschiedenen Altersstufen)

Bei der Einrichtung von Spielzimmern sollte man diesen Ergebnissen Rechnung tragen.

Alter

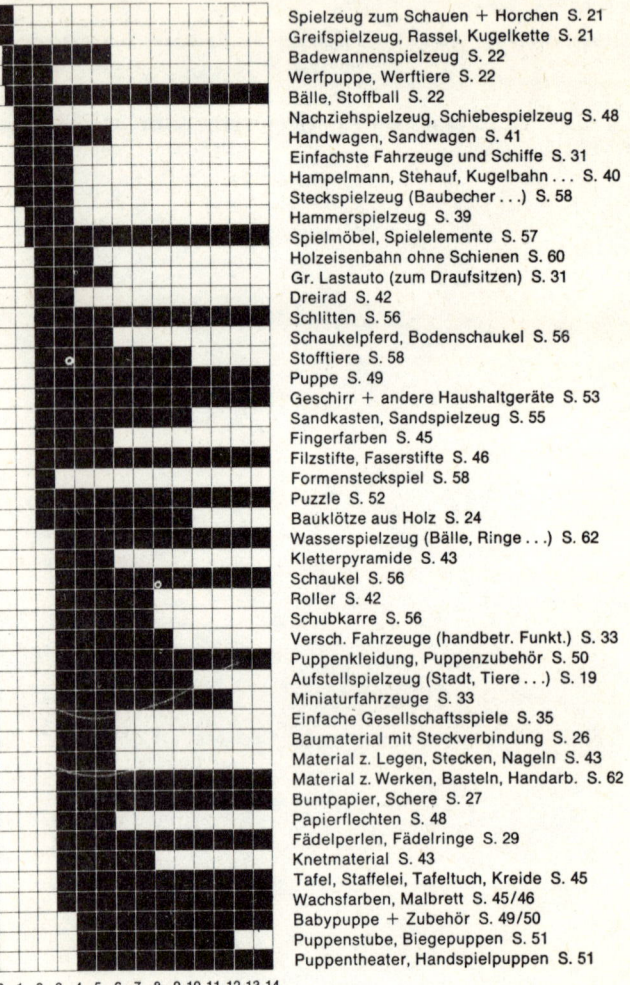

0 1 2 3 4 5 6 7 8 9 10 11 12 13 14

Spielzeug zum Schauen + Horchen S. 21
Greifspielzeug, Rassel, Kugelkette S. 21
Badewannenspielzeug S. 22
Werfpuppe, Werftiere S. 22
Bälle, Stoffball S. 22
Nachziehspielzeug, Schiebespielzeug S. 48
Handwagen, Sandwagen S. 41
Einfachste Fahrzeuge und Schiffe S. 31
Hampelmann, Stehauf, Kugelbahn... S. 40
Steckspielzeug (Baubecher...) S. 58
Hammerspielzeug S. 39
Spielmöbel, Spielelemente S. 57
Holzeisenbahn ohne Schienen S. 60
Gr. Lastauto (zum Draufsitzen) S. 31
Dreirad S. 42
Schlitten S. 56
Schaukelpferd, Bodenschaukel S. 56
Stofftiere S. 58
Puppe S. 49
Geschirr + andere Haushaltgeräte S. 53
Sandkasten, Sandspielzeug S. 55
Fingerfarben S. 45
Filzstifte, Faserstifte S. 46
Formensteckspiel S. 58
Puzzle S. 52
Bauklötze aus Holz S. 24
Wasserspielzeug (Bälle, Ringe...) S. 62
Kletterpyramide S. 43
Schaukel S. 56
Roller S. 42
Schubkarre S. 56
Versch. Fahrzeuge (handbetr. Funkt.) S. 33
Puppenkleidung, Puppenzubehör S. 50
Aufstellspielzeug (Stadt, Tiere...) S. 19
Miniaturfahrzeuge S. 33
Einfache Gesellschaftsspiele S. 35
Baumaterial mit Steckverbindung S. 26
Material z. Legen, Stecken, Nageln S. 43
Material z. Werken, Basteln, Handarb. S. 62
Buntpapier, Schere S. 27
Papierflechten S. 48
Fädelperlen, Fädelringe S. 29
Knetmaterial S. 43
Tafel, Staffelei, Tafeltuch, Kreide S. 45
Wachsfarben, Malbrett S. 45/46
Babypuppe + Zubehör S. 49/50
Puppenstube, Biegepuppen S. 51
Puppentheater, Handspielpuppen S. 51

0 1 2 3 4 5 6 7 8 9 10 11 12 13 14

Abb. 14: Das richtige Spielzeug für jedes Alter*

172

Alter

0 1 2 3 4 5 6 7 8 9 10 11 12 13 14

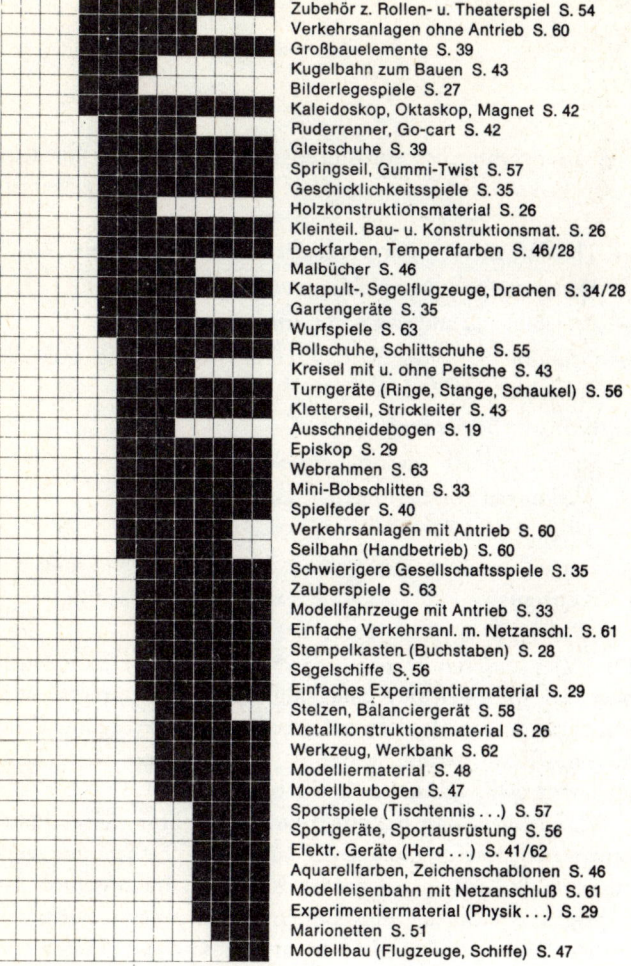

Zubehör z. Rollen- u. Theaterspiel S. 54
Verkehrsanlagen ohne Antrieb S. 60
Großbauelemente S. 39
Kugelbahn zum Bauen S. 43
Bilderlegespiele S. 27
Kaleidoskop, Oktaskop, Magnet S. 42
Ruderrenner, Go-cart S. 42
Gleitschuhe S. 39
Springseil, Gummi-Twist S. 57
Geschicklichkeitsspiele S. 35
Holzkonstruktionsmaterial S. 26
Kleinteil. Bau- u. Konstruktionsmat. S. 26
Deckfarben, Temperafarben S. 46/28
Malbücher S. 46
Katapult-, Segelflugzeuge, Drachen S. 34/28
Gartengeräte S. 35
Wurfspiele S. 63
Rollschuhe, Schlittschuhe S. 55
Kreisel mit u. ohne Peitsche S. 43
Turngeräte (Ringe, Stange, Schaukel) S. 56
Kletterseil, Strickleiter S. 43
Ausschneidebogen S. 19
Episkop S. 29
Webrahmen S. 63
Mini-Bobschlitten S. 33
Spielfeder S. 40
Verkehrsanlagen mit Antrieb S. 60
Seilbahn (Handbetrieb) S. 60
Schwierigere Gesellschaftsspiele S. 35
Zauberspiele S. 63
Modellfahrzeuge mit Antrieb S. 33
Einfache Verkehrsanl. m. Netzanschl. S. 61
Stempelkasten (Buchstaben) S. 28
Segelschiffe S. 56
Einfaches Experimentiermaterial S. 29
Stelzen, Balanciergerät S. 58
Metallkonstruktionsmaterial S. 26
Werkzeug, Werkbank S. 62
Modelliermaterial S. 48
Modellbaubogen S. 47
Sportspiele (Tischtennis . . .) S. 57
Sportgeräte, Sportausrüstung S. 56
Elektr. Geräte (Herd . . .) S. 41/62
Aquarellfarben, Zeichenschablonen S. 46
Modelleisenbahn mit Netzanschluß S. 61
Experimentiermaterial (Physik . . .) S. 29
Marionetten S. 51
Modellbau (Flugzeuge, Schiffe) S. 47

0 1 2 3 4 5 6 7 8 9 10 11 12 13 14

* Aus: Gutes Spielzeug von A—Z — kleines Handbuch für die richtige Wahl. Hrsgg. vom Arbeitsausschuß Gutes Spielzeug, Ulm. Ravensburg: Otto Maier Verlag 1973.

6. Schlußbemerkungen

Die vorangegangenen Ausführungen versuchten, verschiedene Perspektiven der kind-zentrierten Spieltherapie aufzuzeigen:

— Theoretischer Hintergrund des kindlichen Spielens
— Verbindungen zur Spieldiagnostik
— Beziehung zu anderen Kindertherapien
— Grundmodell von ROGERS und Übertragung auf die Spieltherapie durch AXLINE
— Kritische Bemerkungen
— Informationstheoretische Aspekte
— Wirkungen von Lernmechanismen
— Therapieforschung
— Fragen der Anwendung und der Weiterentwicklung des Konzepts

Das Ziel unserer Darstellung war, weitere Diskussionen über das nicht-gelenkte Spiel mit Kindern anzuregen. Wie insbesondere aus den letzten Abschnitten hervorging, kann man mit Recht vermuten, daß das Konzept noch weitgehend unentdeckte Möglichkeiten in sich birgt.

Wir glauben, daß die effektive Durchführung einer kind-zentrierten Spieltherapie zwar ein intensives Training voraussetzt, daß jedoch ein großer Kreis von Interessenten das nicht-gelenkte Spielen mit Kindern erlernen kann. Für praktische Trainingsmöglichkeiten sind zusätzliche Hilfen im Anhang beigefügt:

Mit den im Anhang vorgeschlagenen *Kategorisierungen*

174

kann man das kindliche Verhalten während der Therapie-stunde erfassen (vgl. S. 185).

Der ebenfalls im Anhang dargestellte *Nachbefragungs-bogen* (S. 190) dient dazu, die Eindrücke des Therapeuten von einer Sitzung zu fixieren.

Ferner sind im Anhang *Skalen zur Beurteilung des Thera-peutenverhaltens* zusammengestellt (S. 193—198).

Der letzte Teil des Anhangs schließlich bietet *Übungsbei-spiele* an; auf vorgegebene Therapiesituationen sind ange-messene Reaktionen zu finden (S. 199 f.).

Anhang

Übersichtstabelle über Forschungsergebnisse der kind-zentrierten Spieltherapie
A. Ergebnisuntersuchungen

Autor	Versuchspersonen	Versuchsplan	Therapie	Diagnostische Verfahren	Ergebnisse
AXLINE (1947)	N = 37 / Zweiklässler Mehrfachstörungen (Lesen, Sprechen, Linkshändigkeit)	— 2-Punkte-Messung	Kind-zentrierter Unterricht	— Gates Primary Reading Test — Stanford-Binet-Intelligenztest	23 Kinder: Anstieg der Lesetestwerte 3 Kinder: Anstieg der Intelligenztestwerte
AXLINE (1948)	N = 16 8 Ju. 8 Mä. / 6—8 Jahre weiße und farbige Kinder Kontaktschwierigkeiten		Gruppentherapie (4 Gruppen à 2 Ju. und 2 Mä.)	Lehrerurteil Subjektive Beurteilung des Spielverhaltens	Erhöhte soziale Anpassungsfähigkeit
AXLINE (1949)	N = 15 / 6—7 Jahre Verhaltenstörungen Sprachprobleme	— 2-Punkte-Messung	8—20 Einzelkontakte	Stanford-Binet-Intelligenztest	Anstieg vorher unterdurchschnittlicher Intelligenztestwerte
BILLS (1950 a) (1950 b)	N = 8 4 Ju. 4 Mä. / 7—9 Jahre IQ 130 — Diskrepanz zwischen Intelligenz und Lesealter — Emotionale Unangepaßtheit	— 4-Punkte-Messung — Eigenkontrollgruppe	6 Einzel- und 3 Gruppenkontakte	— Gates test of Paragraph Meaning — Gray Oral Reading Paragraphs	Verbesserte Leseleistung nur bei vorher diagnostizierter emot. Unangepaßtheit
COX (1953)	N = 9 / 5—13 Jahre Heimkinder Fehlanpassung	— 3-Punkte-Messung — Fremdkontrollgruppe		— TAT — Soziogramm — Sozialer Anpassungsfragebogen — Interviewdaten	ältere Kinder: Zeitstabile Änderungen im Soziogrm. jüngere Kinder: nichtzeitstabile Änderungen im TAT

Fortsetzung der Tabelle s. folgende Seite.

179

Autor	Versuchspersonen	Versuchsplan	Therapie	Diagnostische Verfahren	Ergebnisse
DORFMAN (1958)	N = 17 12 Ju. 5 Mä. / 9—12 Jahre durchschnittl. IQ Mittelschicht Fehlanpassung	— 4-Punkte-Messung — Eigen- und Fremdkontrollgruppe	Einzeltherapie 28 Wochen	— Rogerspersönlich- keitsfragebogen — Satzergänzungstest — Mann-Zeichen-Test — Briefe der Kinder an den Therapeuten	Erhöhte Anpassungs- werte im Rogerstest u. Satzergänzungstest Positive Erinnerung der Kinder an die Therapie Zeitstabile Änderungen
FLEMING & SNYDER (1947)	N = 7 4 Ju. 3 Mä. / 8—11 Jahre Heimkinder	— 2-Punkte-Messung — Fremdkontrollgruppe		— Rogerspersönlich- keitsfragebogen — »Rate Wer«-Test — Soziometrischer Test	Verbesserung in den 3 Testindizes bei den Mädchen
KRAAK (1961)	N = ca. 20 ca. 15 Ju. ca. 5 Mä. / 10,9—14,8 J. IQ 0.79 Heimkinder niedrige Intelligenz, Verhaltensauffälligkeiten	— 2-Punkte-Messung — Fremdkontrollgruppe	Gruppentherapie ½ Jahr, wöchentl. à 90 Min. 4 Therapeutinnen	— »Aufgaben zum Nachdenken« — Busemann Aufzähltest — Rosenzweig PFT — Soziogramm — Symptomliste	Größere Flexibilität im Denken Häufigere soziometr. Wahlen von Kindern Reduzierung von Verhaltenssymptomen
SCHMIDTCHEN (1972)	N = 15 10 Ju. 5 Mä. / 9—12 Jahre Unterschicht gestörte Familien, Heimkinder neurotische und dissoziale Verhaltensstörungen	— 2-Punkte-Messung — Fremdkontrollgruppe	Einzeltherapie 14—15 Kontakte 6 Therapeuten	LPS CPQ SET HANES KAT Symptomliste Globalurteil	Anstieg der Intelligenz- und Abnahme der Psychoneurotizismus- werre Verbesserte Sozialanpassung Abnahme von Verhaltensstörung

180

Übersichtstabelle über Forschungsergebnisse der kind-zentrierten Spieltherapie
B. Prozeßuntersuchungen

Autor	Versuchspersonen	Therapie	Beobachtungsverfahren u. -kategorien	Prozeßergebnisse
FINKE (1947)	N = 6 / 5—11 Jahre	6 Therapeuten 8—14 Kontakte	— Protokollierung der verbalen kindlichen Reaktionen — Kategorienschema	Prozeßveränderungen in 5 Kateg.: — Geschichten — Beziehung zum Therapeuten — Aggressive Bemerkungen — Gesamtverbalisierungen — Verbote testen
LANDISBERG & SNYDER (1946)	N = 4 / 5—6 Jahre	3 Therapeuten	Tonbandprotokollierung Verhaltenskategorien: Inhalt Gefühle Handlungen	— Zunahme kindl. Gefühlsäußerung. und aggress. Verbalisierung. — Zunahme der Spielaktivität insg. während der Therapie
LEBO (1952)	N = 20 / 4, 6, 8, 10, 12 Jahre	1 Therapeut 3 Kontakte	— Protokollierung der verbalen kindlichen Reaktionen — FINKE-Kategorien-Schema	ältere Kinder geringere Verbalisierungen eigener Entscheidungen, häufigere Einbeziehung des Therapeuten, häufigeres Austesten d. Grenzen gegenüber jüngeren Kindern
LEBO (1956)	N = 20 10 Ju. 10 Mä. / 4, 6, 8, 10, 12 Jahre durchschn. IQ Sozial angepaßt	1 Therapeut 3 Kontakte	— Protokollierung der verbalen kindlichen Reaktionen — revid. FINKE-Kategorien-Schema	geringere Verbalisierungshäufigkeit während des Spielens bei den 12jährigen gegenüber den 4- bis 10jährigen

Fortsetzung der Tabelle s. folgende Seite.

181

Autor	Versuchspersonen	Therapie	Beobachtungsverfahren u. -kategorien	Prozeßergebnisse
LEBO (1957)	N = 89 / 4, 6, 9, 12 Jahre durchschn. IQ emotional wenig gestört	1 Therapeut 3 Kontakte	— Protokollierung der verbalen kindlichen Reaktionen — revid. FINKE-Kategorien-Schema	Differentielle Reaktionsformen aggressiver gegenüber weniger aggressiver K. und jüngerer gegenüber älteren Kindern
MOUSTAKAS & SCHALOCK (1955)	N = 10 / 4 Jahre Kindergart. Mittelschicht Gruppe A: emot. nicht gestört 2 Ju. 3 Mä. Gruppe B: emot. gestört 4 Ju. 1 Mä.	1 Therapeut 2 Kontakte	Beobachtungsschema: — 82 Erwachsenen- — 72 Kinderkategorien	Emotional gestörte und nicht gestörte Kinder waren im Verhalten relat. ähnlich. Die emot. gestörten waren weniger interaktiv. Insgesamt wenig feindliche Gefühle
MOUSTAKAS (1955)	N = 18 / 4 Jahre Mittelschicht 9 emot. gestörte K. (IQ = 130,5) 9 emot. ungestört. K. (IQ = 125,7)	1 Therapeut 4 Kontakte	Tonband- und handschr. Protokollierung Intensitätsskala Klassifikationsschema	gestörte Kinder: häufiger diffuse neg. Gefühle ungestörte Kinder: gerichtetere Gefühle, weniger intensiv

Kind: Kontakt-Nr.:
Therapeut:
Protokollierungsform:
Beurteiler:
(In das Schema werden Skalenwerte — bezogen auf die Th. variablen —
eingetragen)

Stich-probe*	Ver-bali-sierung	Emot. Wärme	Echt-heit	Aktives Bemühen	Wach-heit	Direk-tivität	(weitere Variablen)
1							
2							
3							
4							
5							
6							
7							
8							
9							
10							
11							
12							
13							
14							
15							
16							
17							
18							
19							
20							
Mittlere Beurteilung							

(* Band Nr., Seitenzahl etc.)
Schwierige Situationen:
Schlußfolgerungen:

SCHEMA FÜR EINE BEOBACHTUNG IN ZEITSTICHPROBEN
(mögliche Kategorien)

Kind:	Therapeut:		Kontakt-Nr.:		Datum:		Zeit:	
Zeitinter-vall (1 min)	Selbst-referenzen positiv	negativ	Be-wertg. des Th.	Info.-Fragen	Ent-schei-dungen	Aggr. Äuße-rung	Spiel mit/ ohne den Th.	
1								
2								
3								
4								
2 (Pause)								
1								
2								
3								
4								
2 (Pause)								
1								
2								
3								
4								
2 (Pause)								
1								
2								
3								
4								
2 (Pause)								

184

Helene BORKE-*Kategorien zur Erfassung des kindlichen Verbalverhaltens in der Spieltherapie (*LEBO, *1955)*

Kategorien	Beispiele
A. Neugierde über das Spielzimmer	Wem gehört dieses Spielzeug? War hier schon vorher jemand?
B. Einfache Feststellungen und Kommentare zum Spiel und Spielzimmer	Dies sind Soldaten. Der Raum ist ganz anders.
C. Hinweise auf aggressive Inhalte	Kämpfen, schießen, verletzen, zerstören, Tod etc.
D. Erzählungen 1. ohne Bezug zum Spiel 2. mit Bezug zum Spiel	Er weiß nicht, daß sie hinter ihm her sind.
E. Endgültige Entscheidungen	Ich werde eine Brücke bauen.
F. Unsicherheit, Zweifel, Verwirrung	Ich zweifle, ob dies funktioniert. Mein Bruder ist halb so alt wie ich und viel größer

G. Testen der Grenzen	Kann ich dies mit nach Hause nehmen?
H. Versuch, dem Therapeuten Verantwortung zu übergeben	Ist dies gut so? Was soll ich jetzt tun?
I. Interesse für den Therapeuten	Was machst du? Wo warst du?
J. Versuch, eine Beziehung zum Therapeuten aufzunehmen	Rate mal. Schau her. Willst du mir helfen?
K. Negative Selbstreferenzen	Ich gewinne nie. Ich bin dumm.
L. Positive Selbstreferenzen	Ich werde es zurückgewinnen. Ich kann das.
M. Negative Äußerungen über Familie, Schule, Spielsachen, Spielaktivitäten	Ich kann meine Schwester nicht leiden. Wird neuer Sand angeschafft?
N. Positive Äußerungen über Familie, Schule, Spielsachen, Spielaktivitäten	Ich finde es gut hier. Wir haben eine neue hübsche Puppe zu Hause.
O. Direkte Informationen über Familie, Schule, Freunde, die eigene Person	Wir haben ein großes Haus. Ich habe auf sie gewartet.

186

P.	Bitte um Informationen	Haben Vögel Ohren? Wie geht dies?
Q.	Fragen und Kommentare zur Zeit	Habe ich noch Zeit? Ich hoffe, es sind noch 5 Min. Zeit übrig.
R.	Ausrufe	Oh, Ah, hier sind wir wieder!
S.	Unklassifizierbares	Ja, Mmm, Hallo, Auf Wiedersehen, Entschuldigung, Antwort auf eine Frage oder bloße Wiederholung von Worten des Therapeuten.
T.	Einsichtige Äußerungen	Immer wenn ich mich ärgerte, mußte ich etwas stehlen.
U.	Ambivalente Äußerungen	Ich fürchte mich hier, aber ich komme gerne her.
V.	Geräusche	Nachahmen von Sirenen, Explosionen u. ä.
W.	Unverständliches Murmeln, Selbstgespräche	

LEBO benutzte als Grundlage der Kategorisierung kindlichen Verbalverhaltens — mit Hilfe des aufgeführten Schemas — vollständige Spieltherapieprotokolle, aus denen er Zufallsstichproben zog.

(BISHOP, *1951, zit. nach* TAUSCH *und* TAUSCH, *1970,*
S. *270 f.*)

Bitten um Aufmerksamkeit
(»Mutter, guck, was ich hier gemacht habe!«)
Suchen von Kontakt
(»Mutter, komm her und setz dich hier zu mir!«)
Dirigierung
(»Stell diesen Block hier auf die Spitze — gib mir einen
grünen — hier — halte diesen Klotz, während ich das Haus
beende!« — »Du baust eine Brücke für mich, Mutter!«)
Kritizismus
(»Du kannst nicht gut einen Ball werfen, nicht?« — »Ach,
dieses Boot ist gar nicht gut — weißt du nicht, wie man so
was macht, wie mein Lehrer dies macht?«)
Bitten um Informationen
(»Welche Art von Boot ist dies?«)
Interferenz, Restriktion
(In gleicher Weise wie beim Verhalten der Mutter.)
Anzeichen von Ängstlichkeit
(»Ich hab' etwas Wasser vergossen, Mutter!«)
Kooperation
(»Ja, in Ordnung, aber ich denke, es geht auf andere Weise
besser«.)
Nicht-Kooperation
(»Nein, ich will nicht, daß du das tust, Mutter!« — »Ich bin
nicht dumm — du bist dumm!«)
Kontakt
(z. B. »Dieses ist ein schöner Wasserbehälter — wir wollen
heute sehen, ob Vater uns einen ähnlichen bauen kann!«)

Mangel an Kontakt
(z. B. die Mutter liest im Magazin und kümmert sich nicht um das Kind.)
Interaktives Spiel
(»Ich will den Boot-Reparaturmann spielen.«)
Belehrung
(»Das ist eine Ente und das ist ein Schwan — Schwäne haben längere, dünnere Hälse als Enten.«)
Stimulierung zum unabhängigen Denken
(»Du könntest das Baby eine Fahrt im Segelboot machen lassen, wenn du willst« — »Siehst du irgend etwas in diesem Raum, woraus du ein Boot machen könntest?«)
Dirigierung
(»Stell das Spielzeug hier auf den Tisch, Toni, so daß es nicht ins Wasser fallen kann!«)
Interferenz
(»Nein, Mary, du kannst nicht aus diesen Tassen Wasser trinken!«)
Restriktion
(»Spritze nicht zu hoch mit dem Wasser!«)
Kritizismus
(»Ja, das war eine ganz dumme Sache von dir, das zu tun, nicht?« — »Um Himmelswillen, du machst mich ganz naß!«)
Lob
(»Das ist ein feines Boot, daß du gemacht hast.«)
Kooperation
(»In Ordnung, ich will den Tisch decken, während du das Essen fertig machst.«)
Nicht-Kooperation
(»Nein, Mutter will nicht Ball spielen, sie ist jetzt gerade mittendrin im Lesen. Unterbrich mich nicht!«)

BEURTEILUNGSBOGEN FÜR ANLEITER
(Nachbefragungsbogen, nach dem Stundenbogen
von ECKERT und SCHWARTZ [1971] konzipiert)

Name des Anleiters: Name des Kindes:

_____ . Kontakt

Bitte die Beurteilungen immer im Anschluß an die Spielstunde vornehmen.

3 = ja, ganz genau	—1 = eher im Gegenteil
2 = ja	—2 = im Gegenteil
1 = eher ja	—3 = ganz im Gegenteil

1. Nach dieser Stunde fühle ich mich unbefriedigt $\quad$ 3 2 1 —1 —2 —3

2. Das Kind blieb heute länger bei den selben
   Spielsachen $\quad$ 3 2 1 —1 —2 —3

3. Ich spüre, daß das Kind Vertrauen zu mir
   gefaßt hat $\quad$ 3 2 1 —1 —2 —3

4. Nach meinen Reflektierungen ging das Kind
   meist zu anderen Gesprächsinhalten oder
   Spielen über $\quad$ 3 2 1 —1 —2 —3

5. Durch sein Verhalten hat das Kind mich
   heute verunsichert $\quad$ 3 2 1 —1 —2 —3

6. Ich hatte das Gefühl, daß das Kind sich
   heute leicht durch meine Verbalisierungen
   beeinflussen ließ $\quad$ 3 2 1 —1 —2 —3

7. Ich hatte heute Schwierigkeiten, emotionale
   Inhalte zu finden, die sich zu reflektieren
   lohnen würden $\quad$ 3 2 1 —1 —2 —3

8. Es fiel mir leicht, emotionale Inhalte zu
   reflektieren $\quad$ 3 2 1 —1 —2 —3

9. Ich fühlte heute, daß ich keine Rolle spielte,
   sondern echt, natürlich und ungezwungen war $\quad$ 3 2 1 —1 —2 —3

10. Ich war heute so engagiert, daß ich mich am
    Ende wunderte, wie schnell die Zeit ver-
    gangen war $\quad$ 3 2 1 —1 —2 —3

11. Das Kind hat meine Äußerungen heute
    häufig mit einem »ja« bestätigt $\quad$ 3 2 1 —1 —2 —3

12. Nach dem heutigen Kontakt bin ich eigent-
    lich recht optimistisch, daß die nicht-direk-
    tiven Spielstunden dem Kind helfen werden $\quad$ 3 2 1 —1 —2 —3

13. Ich hatte heute das Gefühl, daß das Kind
    irgend etwas vor mir verbarg $\quad$ 3 2 1 —1 —2 —3

14. Ich hatte den Eindruck, daß das Kind heute
    wenig vorangekommen ist $\quad$ 3 2 1 —1 —2 —3

15. Es fiel mir heute überhaupt schwer, die
    Äußerungen des Kindes zu reflektieren $\quad$ 3 2 1 —1 —2 —3

16. Wie häufig hat das Kind heute das Spiel
    gewechselt? ....mal

17. Bitte notieren Sie wichtige Beobachtungen auf der Rückseite!

Skalen zur Beurteilung des Therapeutenverhaltens

Zusammenstellung der wichtigsten Skalen
zur Beurteilung des Therapeutenverhaltens

Verbalisierung emotionaler Erlebnisinhalte .

I — XII

Positive Wertschätzung – emot. Wärme – innere Anteilnahme

I — V

Echtheit und Selbstkongruenz

I — V

Aktives Bemühen – Suchen – Nachdenken – Sich-Anstrengen

I — V

Wachheit

1 — 7

Grenzsetzung

1 — 7

Nicht-direktives Verhalten

1 — 7

Ruhe und Zuversicht

1 — 7

Kindangemessenes Sprachverhalten

1 — 5

Bereitschaft zum Partizipieren

1 — 5

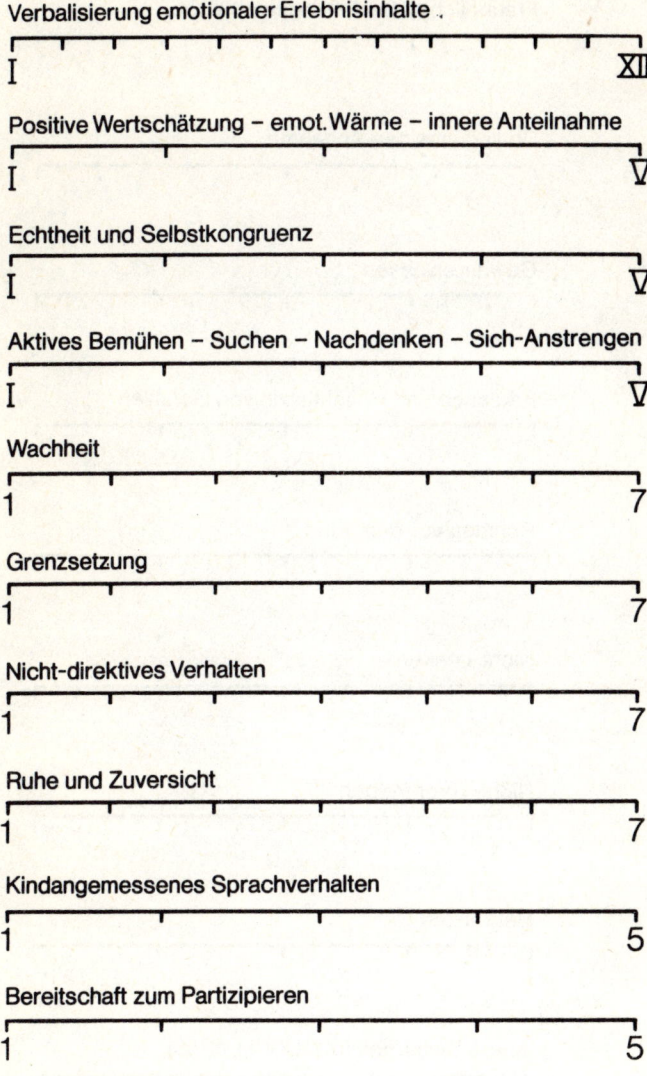

193

Skalen zur Beurteilung des Therapeutenverhaltens nach AXLINE *(1972)*

Freundliches Beziehungsverhältnis

Bedingungslose Annahme

Gewährenlassen

Erkennen und Reflektieren von Gefühlen

Achtung vor dem Kind

Nicht-Lenken

Nicht-Vorantreiben

Begrenzen

Innere Sicherheit (n. TAUSCH, 1956)

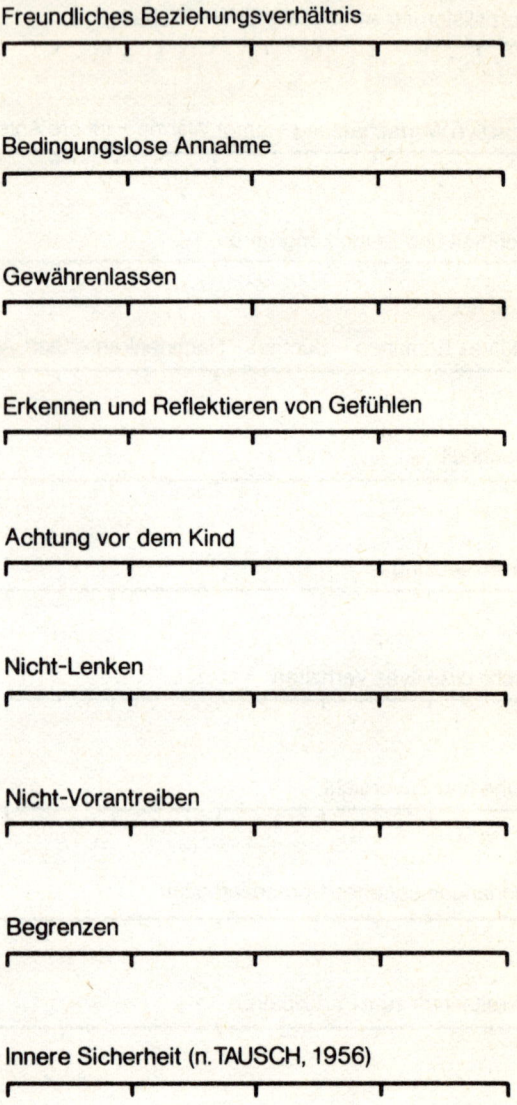

*Skala zur Beurteilung der Psychotherapeuten-
variablen:*
a) *»Verbalisierung von Gefühlen des Klienten«*

TAUSCH, ZEHELEIN, FITTKAU *und* MINSEL *(1967)*
(revidierte Schätzskala, TAUSCH *1970, S. 82)*

I

II — Keine Verbalisierung der vom Klienten ausgedrückten
persönlich-emotionalen Inhalte des Erlebens durch
den Psychotherapeuten. Auch keine Äußerungen des
Therapeuten über die vom Klienten vorgebrachten
äußeren Sachverhalte. Die Äußerung besteht etwa
aus einer Belehrung oder Ermahnung.

III

IV — Keine Verbalisierung der vom Klienten ausgedrückten
persönlich-emotionalen Inhalte des Erlebens durch
den Psychotherapeuten. Jedoch Äußerungen über
irgendwelche vom Klienten vorgebrachten äußeren
Sachverhalte.

V

VI — Verbalisierung eines oder einiger nebensächlicher
vom Klienten ausgedrückten Erlebnisinhalte. Es werden nicht diejenigen Erlebnisinhalte vom Therapeuten
verbalisiert, auf die der Klient in seiner Äußerung das
Hauptgewicht legte.

VII

VIII — Verbalisierung eines Teiles der wesentlichen, vom
Klienten ausgedrückten persönlich-emotionalen Inhalte des Erlebens durch den Therapeuten. Es fehlen
aber andere wesentliche Erlebnisinhalte.

IX

X — Verbalisierung des überwiegenden Teiles der wesentlichen, vom Klienten ausgedrückten persönlich-emotionalen Inhalte des Erlebens durch den Therapeuten;
es sind aber noch nicht alle wesentlichen Erlebnisinhalte berücksichtigt.

XI

XII — Verbalisierung in genauer Form aller wesentlichen
vom Klienten geäußerten persönlich-emotionalen
Inhalte des Erlebens durch den Therapeuten.

Skala zur Beurteilung der Psychotherapeuten-
variablen:
b) *»Positive Wertschätzung und emotionale*
Wärme«

TRUAX *(1962 a) aus* TAUSCH, *S. 115 (1970)*

I	Der Therapeut hält sich verantwortlich für den Klienten. Er urteilt nach seinen eigenen Wertmaßstäben, bietet aktiv Ratschläge an oder zeigt klar negative Wertschätzung.
II	Der Therapeut antwortet dem Klienten mechanisch. Er ignoriert den Patienten und seine Gefühle und zeigt einen Mangel an Zuwendung und Interesse.
III	Der Therapeut glaubt, daß er selbst für den Klienten verantwortlich ist. Er zeigt ein positives, aber fast besitzergreifendes Sorgen.
VI	Der Therapeut zeigt deutlich tiefes Interesse am Klienten. Er bringt auf fast allen Gebieten eine nicht an Bedingungen gebundene positive Wertschätzung zum Ausdruck.
V	Der Therapeut hat tiefe Achtung vor der Person des Klienten. Er äußert ohne Einschränkung eine nicht an Bedingungen gebundene positive Wertschätzung.

196

*Skala zur Beurteilung der Psychotherapeuten-
variablen:*
c) *»Echtheit und Selbstkongruenz«*

TRUAX *(1962 b) aus* TAUSCH, *S. 130 (1970)*

I	Der Therapeut ist inkongruent in seinem Erleben und seinem äußeren Verhalten. Er drückt das Gegenteil von dem aus, was er wirklich fühlt.
II	Der Therapeut zeigt ein Verhalten, das wenig persönlich wirkt. Es hat eher einen distanzierten und professionellen Charakter.
III	Der Therapeut ist defensiv oder routiniert, bringt dies aber in seinem Verhalten nicht zum Ausdruck.
IV	Der Therapeut zeigt weder eine abwehrende Haltung noch eine Fassade.
V	Der Therapeut ist in hohem Maße er selbst. Er zeigt keine Spuren von Verteidigung oder Rückzug in Professionalismus.

197

Skalen zur Beurteilung des Therapeutenverhaltens nach SCHMIDTCHEN (1972)

Wachheit

1   7

Reflexion von Gefühlen

1   7

Grenzsetzung

1   7

Nicht-direktives Verhalten

1   7

Ruhe und Zuversicht

1   7

Regulierung der Nähe

1   7

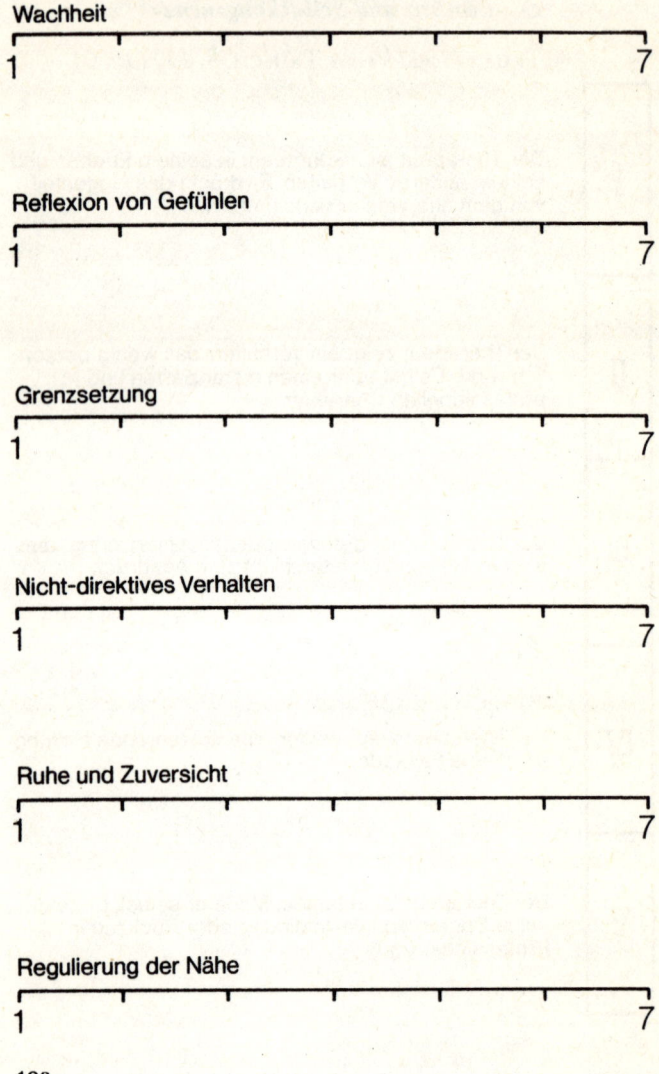

198

Therapiesituationen

Therapiesituationen und Äußerungen von Therapeuten

Beim Malen fällt dem Kind der Wasserbecher um. Es blickt ängstlich zum Therapeuten hin.

Therapeut: »Du brauchst doch keine Angst zu haben, das wischen wir gleich wieder weg.«

In der Therapeutenäußerung kommt zwar ein freundliches Beziehungsverhältnis zum Ausdruck; die positive Wertschätzung wird jedoch durch das besitzergreifende Sorgen eingeschränkt. Der Therapeut versucht das Spielgeschehen zu lenken und in seinem Sinne voranzutreiben.

Das Kind sagt: »Wenn ich die Puppe nicht mitnehmen darf, habe ich gar keine Lust mehr zu kommen.«
Therapeut: »Du bist so enttäuscht, daß du die Puppe nicht bekommen kannst.«

Der Therapeut verbalisiert hier einen Teil der ausgedrückten emotionalen Inhalte. Der zweite Teil der kindlichen Äußerung wird dagegen nicht erfaßt.

Das Kind versucht seit längerer Zeit vergeblich, ein Puzzlespiel zusammenzusetzen. Es sagt: »Das schaffe ich doch nicht.«

Therapeut: »Versuche es doch einmal von dieser Seite aus.«

Der Therapeut hat offensichtlich die Schwierigkeiten des Kindes erkannt, ohne diese allerdings voll zu akzeptieren und zu reflektieren. Statt dessen macht er einen Vorschlag und verstößt damit gegen das Prinzip der Nicht-Direktivität.

Das Kind schlägt mit einem Holzhammer auf eine Puppe ein, so daß diese beschädigt wird.
Therapeut: »Es macht dir riesigen Spaß, die Puppe kaputt zu machen.«

Der Therapeut hat hier zwar die Gefühle des Kindes erkannt und verbalisiert, jedoch hätte er dem Kind die Begrenzung vor Augen führen müssen, daß das Spielmaterial nicht beschädigt werden darf.

Das Kind hat ein Bild fertig gemalt und fragt den Therapeuten: »Ist das schön so?«
Therapeut: »Ich finde, das hast du sehr gut gemacht.«

Der Therapeut reflektiert nicht den Wunsch des Kindes nach einer Bestätigung und urteilt nach seinen eigenen Wertmaßstäben.

Das Kind hat sich beim Malen mit Wachsstiften beschmiert. Es läuft zum Waschbecken und wäscht sich gründlich die Hände.
Therapeut: »Es ist dir zu unhygienisch, schmutzige Finger zu haben.«

Es ist zweifelhaft, ob diese Verbalisierung inhaltlich die Empfindungen des Kindes trifft (Interpretation), und ob sie sprachlich kindangemessen ist.

Das Kind erblickt ein Spielzeuggewehr, nimmt es in die Hand und fragt: »Darf ich damit schießen?«

200

Therapeut: »Du hättest Lust, mit dem Gewehr zu spielen, bist aber nicht sicher, ob du es darfst.«

Hier scheint der Therapeut den Appetenz-Aversionskonflikt des Kindes erkannt und angemessen reflektiert zu haben.

Therapiesituationen und mehrfache Therapeutenäußerungen

(Die aufgeführten Reaktionsmöglichkeiten können mit Hilfe der Skalen beurteilt werden.)

1. *Kind kegelt mit dem Therapeuten und hat einen geringen Punktvorsprung, den der Therapeut allmählich aufholt. Es sagt: »Jetzt habe ich nur noch drei Punkte mehr.«*
   Therapeut:
   ( ) »Dir wird angst und bange, ich könnte dich einholen.«
   ( ) »Du hättest lieber einen größeren Vorsprung.«
   ( ) »Du wirst ganz mutlos.«
   ( ) »Immerhin liegst du doch noch in Führung.«
   ( ) »Du mußt dich einfach mehr anstrengen.«
   ( ) »Es beunruhigt dich, daß dein Vorsprung abnimmt.«

2. *Kind zielt mit dem Spielgewehr auf den Therapeuten, schießt dann aber absichtlich an ihm vorbei.*
   Therapeut:
   ( ) »Am liebsten hättest du auf mich abgedrückt.«
   ( ) »Du wolltest mir Angst einjagen.«
   ( ) »Du hast mich noch einmal verschont.«
   ( ) »Man darf nicht auf Menschen schießen.«
   ( ) »Du willst nur auf mich zielen, mich aber nicht treffen.«

3. *Während des Spielens im Sandkasten sagt das Kind beiläufig: »Am Sonntag kommt meine Oma.«*
   Therapeut:
   ( ) »Du denkst jetzt schon daran, daß deine Oma am Sonntag kommt.«
   ( ) »Du freust dich jetzt schon auf deine Oma.«
   ( ) »Deine Oma hast du gerne.«
   ( ) »Dir fällt gerade ein, daß deine Oma am Sonntag kommt.«

4. *Das Kind schreibt etwas und verdeckt das Geschriebene dabei mit der Hand. »Kannst du dir schon denken, was ich schreibe?«*
   Therapeut:
   ( ) »Ich soll das erraten.«
   ( ) »Du machst das richtig spannend.«
   ( ) »Du schreibst sicher einen Brief.«
   ( ) »Ich weiß nicht, was du schreibst.«

5. *Das Kind entdeckt ein ihm unbekanntes Spiel. »Weißt du, wie das geht?«*
   Therapeut:
   ( ) »Du selbst kennst die Spielregeln nicht und möchtest, daß ich sie dir erkläre.«
   ( ) »Versuche es selbst rauszufinden.«
   ( ) »Ich kenn das Spiel auch nicht.«
   ( ) »Also, ich erklär dir das mal.«

6. *Ein Kind sucht etwas Bestimmtes in einer unaufgeräumten Spielzeugkiste. Vorwurfsvoll: »Ist das ein Durcheinander hier!«*
   Therapeut:
   ( ) »Ich hätte vorher aufräumen sollen.«
   ( ) »Die Unordnung ärgert dich, du kannst gar nicht deine Sachen wiederfinden.«

202

( ) »Dich stört die Unordnung?«
( ) »Such nur weiter, du wirst es schon finden.«

7. *Das Kind hat ein Halma-Spiel aufgebaut und fragt: »Wer fängt an, Sie oder ich?«*
   Therapeut:
   ( ) »Mir ist es egal.«
   ( ) »Dir fällt es schwer, das jetzt zu entscheiden.«
   ( ) »Das kannst du selbst entscheiden.«
   ( ) »Du willst mich entscheiden lassen, wer anfangen soll?«

Nach Expertenrating wurden die folgenden Reaktionen als optimal eingeschätzt:

Beispiel:	Nr. der Therapeutenäußerung
1	6
2	5
3	4
4	1
5	1
6	2
7	4

Therapiesituationen mit offenen Therapeutenäußerungen

(Auf die folgenden Situationen sollte man zunächst eigene Reaktionen finden, die später mit Expertenäußerungen verglichen werden können.)

1. Das Kind hat beim Malen etwas Farbe auf die Kleidung bekommen. Es fragt: »Das macht doch nichts, oder?«

2. Das Kind entdeckt ein Spieltelefon. »Kann man damit richtig telefonieren?«

3. »Ich weiß was, daß ich es hier schön finde.«

4. Das Kind kommt zum erstenmal in das Spielzimmer, schaut sich um und geht durch den Raum, ohne etwas zu sagen.

5. Das Kind läuft auf das Schaukelpferd zu, mit dem es bisher immer gern gespielt hat. »Da ist ja das Schaukelpferd.«

6. Das Kind sieht, daß jemand etwas an die Wandtafel geschrieben hat. »Wer hat denn das geschrieben?«

7. Das Kind sagt beim Malen: »Grün ist meine Lieblingsfarbe.«

8. Peter sieht den Therapeuten protokollieren und sagt: »Mach das nicht. Ich will nicht, daß du schreibst.«

9. Michael haut minutenlang auf eine Trommel. Danach: »Das war schön.«

10. Peter spielt Kasperletheater: Kasper wird von der Schlange gefressen. Schließlich kommt Peter heraus und sagt zum Therapeuten: »Jetzt spiel du etwas.«

11. Wolfram hat das laufende Tonbandgerät auf dem Tisch entdeckt und schaut den Therapeuten fragend an.

12. Ein Kind probiert nacheinander Sachen aus der Kleiderkiste an, sieht sich im Spiegel an und freut sich.

13. Der Junge ist auf den Therapeuten wütend: »Ich schlage Ihnen eins rein.«

14. Das Kind hat sich am Finger leicht verletzt und fragt weinerlich: »Ob das schlimm wird?«

Mögliche Therapeutenreaktionen

1. »Du bist nicht sicher, ob das schlimm ist.«

2. »Du möchtest gern wissen, ob das ein echtes Telefon ist.«

3. »Es macht dir einen Riesenspaß, hier zu sein.«

4. »Du schaust dir jetzt erst einmal das viele Spielzeug an.«

5. »Du bist ganz glücklich, daß du das Schaukelpferd wieder siehst.«

6. »Von wem das stammen könne, fragst du dich?«

7. »Diese Farbe magst du am meisten.«

8. »Du bist ganz ärgerlich, wenn du mich hier schreiben siehst. Ich soll damit aufhören.«

9. »Das Trommeln hat dich ganz begeistert.«

10. Der Therapeut sagt: »Du möchtest, daß ich dir jetzt etwas vorspiele.« Er geht ins Kasperletheater und spielt, wie Kasperle von der Schlange gefressen wird.

11. »Du fragst dich, was das bedeuten soll?«

12. »Es macht dir Spaß, wenn du dich so verkleidet siehst.«

13. »Du bist so wütend auf mich, am liebsten würdest du mir eine verpassen.«

14. »Es tut dir weh und du bist ganz beunruhigt, ob es schlimmer wird.«

Literaturverzeichnis

ADLER, A., *Studien über die Minderwertigkeit von Organen*, München 1907

AMTHAUER, R., *Intelligenz-Struktur-Test*, Göttingen 1955. I-S-T 70. Frankfurt a. M. 1971

AXLINE, Virginia, M., *Play Therapy*, Boston 1947; dt.: *Kinder-Spieltherapie im nicht-direktiven Verfahren*, München, Basel 1972

AXLINE, Virginia, M., »Nondirective therapy for poor readers«, in: *J. Consult. Psychol.* 11, 1947, S. 61—69

AXLINE, Virginia, M., » Play therapy and race conflict in young children«, in: *J. abnorm. soc. Psychol.* 43, 1948, S. 300—310

AXLINE, Virginia, M., »Mental deficiency-symptom or decease?«, in: *J. Consult. Psychol.* 13, 1949, S. 313—327

AXLINE, Virginia, M., *Dibs — Die wunderbare Entfaltung eines menschlichen Wesens*, München 1971

BANDURA, A., und WALTERS, R. H., *Social learning and personality development*, New York 1963

BARUCH, Dorothy, W., und MILLER, H., »Group and individual psychotherapy as an adjustment in the treatment of allergy«, in: *J. Consult. Psychol.* 10, 1946, S. 281—284

BASTINE, R., *Fragebogen zur direktiven Einstellung* (F-D-E), Göttingen 1971

BELLAK, L., und S. S., *Kinder-Apperzeptions-Test* (CAT); dt.: Übersetzung von MOOG, W., Göttingen 1955

BELSCHNER, W., HOFFMANN, Monika, SCHOTT, F., und SCHULZE, Christa, *Verhaltenstherapie in Erziehung und Unterricht*, Stuttgart 1973

BELSER, H., ANGER, H., und BARGMANN, R., *Frankfurter Analogietest*, Weinheim 1965

BENE, E., und ANTHONY, J., *Familien-Struktur-Test* (F-S-T) *(Family Relations Test)*; dt.: von FLÄMIG, J., und WÖRNER, Ursula, Göttingen 1973

BIERMANN, G. (Hrsg.), *Handbuch der Kinderpsychotherapie*, Bd. I und II, München 1969

BILLS, R. E., »Nondirective play therapy with retarded readers«, in: *J. Consult. Psychol.* 14, 1950 (a), S. 140—149

BILLS, R. E., »Play therapy with well-adjusted readers«, in: *J. Consult. Psychol.* 14, 1950 (b) S. 146—149

BIXLER, R. H., »Limits are therapy«, in: *J. Consult. Psychol.* 13, 1949, S. 1—11

BLÖSCHL, L., *Grundlagen und Methoden der Verhaltenstherapie,* Bern, Stuttgart, Wien 1969

BOMMERT, H., u. a., *Psychologische Effekte und Prozesse der client-centered Psychotherapy bei 44 neurotischen Klienten;* im Manuskript: Hamburg 1970

BRICKENKAMP, R., *Test d 2 Aufmerksamkeits-Belastungs-Test,* Göttingen 1972

BUGGLE, F., GERLICHER, K., und BAUMGÄRTL, F., »Analyse des JEPI. Konstruktion des HANES«, in: *Diagnostica,* 1968

BUGGLE, F., und BAUMGÄRTL, F., *Hamburger Neurotizismus- und Extraversionsskala für Kinder und Jugendliche,* HANES, K. J., Göttingen 1972

BUSEMANN, A., *Der Aufzähl-Test,* München, Basel 1955

CARKHUFF, R. R., und BIERMAN, R., »Training as a preferred mode of treatment of parents of emotional disturbed children«, in: *J. of Counsel. Psychol.* 17, 1969, S. 157—161

CATTELL, R. B., *Culture Fair Intelligence Test,* o. O., Illinois 1963; dt.: von WEISS: CATTELL-Weiss *Grundintelligenztest CFT 2,* Braunschweig 1972

CATTELL, R. B., und RUTHERFORD, B., »Children's Personality Questionnaire«, in: *Handbook of the CPQ,* o. O., Illinois 1963

COWEN, E. L., und CRUICKSHANK, W. M., »Group therapy with physically handicapped children. I. Report of Study II. Evaluation«, in: *J. Educ. Psychol.* 39, 1948, S. 193—215 u. 281—297

COX, F. N., »Sociometric status and individual adjustment before and after play therapy«, in: *J. abnorm. Soc. Psychol.* 48, 1953, S. 354—356

CRONBACH, L. J., und GLESER, G. C., *Psychological tests and personnel decisions,* Urbana 1965

DOLL, E., *The measurement of social competence. (Vineland social maturity scale),* Educational test bureau, USA, o. O., 1953; dt. in: EGGERT 1970

DORFMAN, Elaine, »Personality outcomes of client-centered child-therapy«, Unpubl. doct. diss., Chicago 1955

DORFMAN, Elaine, »Personality Outcomes of Client-Centered Child Therapy«, in: *Psychol. Monographs,* 72, 1958, S. 456

208

DUHM, E., und HANSEN, J., *Rosenzweig Picture Frustration Test Form für Kinder*, Göttingen 1957

ECKERT, J., und SCHWARTZ, H. J., *Stundenbögen für Einzeltherapie*. Informationsblätter der GwG, 5, 1971

EGGERT, D., *Tests für geistig Behinderte*, Weinheim 1970

EGGERT, D., *Lincoln-Oseretzky-Skala*, Weinheim 1971

ERIKSON, E. H., »The meaning of play: Toys and reasons«, in: HAWORTH, Mary R. (Hrsg.), *Child Psychotherapy*, 1964

EYSENCK, H. J., *Handbook of abnormal psychology*, London 1960

EYSENCK, H. J., und RACHMAN, S., *Neurosen-Ursachen und Heilmethoden*, Berlin 1967

EYSENCK, Sybil, *Junior Eysenck Personality Inventory* (JEPI); dt.: BUGGLE, GERLICHER und BAUMGÄRTL, 1968

FINKE, Helene, »Changes in the expression of emotionalized attitudes in six cases of play therapy«, Unpublished master's thesis, University of Chicago 1947

FLEMING, Louise, und SNYDER, E. U., »Social and personal changes following non-directive group play therapy«, in: *Amer. J. Ortopsychiat*. 17, 1947, S. 101—116

FLITNER, A., *Spielen-Lernen. Praxis und Deutung des Kinderspiels*, München 1972

FREUD, Anna, *Einführung in die Technik der Kinderanalyse*. München, Basel 1966

FREUD, S., »Analyse der Phobie eines fünfjährigen Knaben«, in: *Ges. Werke*, Bd. VII, London 1941

FREUD, S., *Gesammelte Werke*, 18 Bde., 1947—1955

GAGNE, R. M., *The conditions of learning*, New York 1965; dt.: *Die Bedingungen des menschlichen Lernens*, Hannover 1965

GINOTT, H. G., »Research in play therapy«, in: HAWORTH, Mary R. (Hrsg.), *Child Psychotherapy*, New York 1964

GINOTT, H. G., *Gruppenpsychotherapie mit Kindern*, Weinheim 1966

GOETZE, H., und JAEDE, W., Studie über Therapeutenvariablen in der kind-zentrierten Spieltherapie, im Manuskript: Reutlingen 1973

GROOS, K., *Die Spiele der Menschen*, Jena 1899

GUERNEY, B. G. Jr., »Filial Therapy: description and rationale« in: *J. Consult. Psychol*. 28, 1964, S. 304—310

GUERNEY, B. G. Jr., GUERNEY, Louise F., und ADRONICO, M. P., »Filial Therapy«, in: HART und TOMLINSON (Hrsg.), *New Directions in Client-Centered Therapy*, New York 1970

HALL, G. St., *Adolescence*, New York 1904

HARDING, G., *Spieldiagnostik*, Weinheim, Basel 1972

HECKHAUSEN, H., »Entwurf einer Psychologie des Spielens«, in: *Psychol. Forschung* 27, 1964, S. 225—243

HERMANN, T., *Lehrbuch der empirischen Persönlichkeitsforschung*, Göttingen 1969

HILTMANN, H., *Kompendium der psychodiagnostischen Tests*. Bern 1966

HOFSTÄTTER, P. R., *Psychologie*, Frankfurt a. M. 1957

HOFSTÄTTER, P. R., und WENDT, D., *Quantitative Methoden der Psychologie*, München 1966

HÖHN, Elfriede, »Spielerische Gestaltungsverfahren«, in: HEISS, R. (Hrsg.), *Psychologische Diagnostik. Hdb. der Psychologie*, Bd. 6, Göttingen 1963

HORN, H., und SCHWARZ, *Bildertest 1—2*, Weinheim, Berlin 1967

HORN, W., *Begabungstestsystem (B-T-S)*, Göttingen 1956

HORN, W., *Leistungsprüfsystem (L-P-S)*, Göttingen 1962

HORN, W., *Prüfsystem für Schul- und Bildungsberatung (P-S-B)*, Göttingen 1969

HUIZINGA, J., *Homo ludens. Vom Ursprung der Kultur im Spiel*, Reinbek 1962

HYLLA, E., und KRAAK, B., *Aufgaben zum Nachdenken*, Weinheim 1965

INGENKAMP, K., *Bildertest 2—3*, Weinheim 1966

JOERGER, K., *Gruppentest für die soziale Einstellung (S-E-T)*, Göttingen 1968

KANFER, F. H., und SASLOW, G., »Behavioral diagnosis«, in: FRANKS, L. M. (Hrsg.), *Behavior therapy: Appraisal and status*, New York 1969

KIESLER, D. J., »A grid model for theory and research in the psychotherapies«, in: ERON, L. D. (Hrsg.), *The relationship of theory and technique in psychotherapy*, Chicago 1967

KLEIN, Melanie, »Die psychoanalytische Spieltechnik — ihre Geschichte und Bedeutung«, in: BIERMANN, 1969

KRAAK, B., »Nichtdirektive Gruppentherapie mit Heimkindern«, in: *Zeitschrift für exp. und angew. Psychol.* 8, 1961, S. 595—622

KUHLEN, Vera, *Verhaltenstherapie im Kindesalter*, München 1972

LANDISBERG, Selma, und SNYDER, W. U., "Non-directive play therapy", in: *J. Clin. Psychol.* 2, 1946, S. 203—214

LEBO, D., »The relationship of response categories in play therapy to chronological age«, in: *Child Psychol.* 2, 1952, S. 330—336

LEBO, D., »The present status of research in nondirective play therapy«, in: *J. consult. Psychol.* XVII, 1953, S. 177—183

210

LEBO, D., »Quantification of the nondirective play therapy process«, in: *J. genet. Psychol.* 86, 1955, S. 375—378

LEBO, D., »Age and suitability for nondirective play therapy«, in: *J. Genet. Psychol.* 89, 1956, S. 231—236

LEBO, D., und LEBO, Elaine »Aggression and age in relation to verbal expression in nondirective play therapy«, in: *Psychol. Monogr.* 71, 1957, S. 1—20

LEBO, D., »A formula for selecting toys for nondirective play therapy«, in: *J. genet. Psychol.* 92, 1958, S. 23—34

LEBO, D., »The present status of research in nondirective play therapy«, in: HAWORTH, Mary R. (Hrsg.), *Child Psychotherapy*, New York 1964

LOWENFELD, Margret, »Die ›Welt‹-Technik in der Kinderpsychotherapie«, in: BIERMANN, G. (Hrsg.), *Handbuch der Kinderpsychotherapie*, München 1969

MILLER, G. A., GALANTER, E., und PRIBRAM, K. H., *Plans and the structure of behavior*, New York 1960

MILLER, H., und BARUCH, Dorothy, W., »Psychological dynamics in allergic patients as shown in group and individual psychotherapy«, in: *J. consult. Psychol.* 12, 1948, S. 111—113

MINSEL, W. R., et al., »Überprüfung der Effekte von clientcentered psychotherapeutischen Gesprächen mit psychoneurotischen Klienten«, Dissertation, Photodruck, Hamburg 1970

MORENO, J. L., *Who shall survive?*, New York 1934; dt.: *Die Grundlagen der Soziometrie*, Köln 1954

MOUSTAKAS, C. E., »The frequency and intensity of negative attitudes expressed in play therapy: A comparison of well adjusted and disturbed children«, in: *J. genet. Psychol.* 86, 1955, S. 309 bis 325

MOUSTAKAS, C. E., und SCHALOCK, H. D., »An analysis of therapy-child interaction in play therapy«, in: *Child Developm.* 26, 1955, S. 143—157

MOUSTAKAS, C. E., SCHALOCK, M. D., und SIEGEL, I. E., »An objective method for the measurement and analysis of child-adult-interaction«, in *Child Developm.* 27, 1956, S. 109—134

MÜLLER, R., *Sozialer Motivationstest*, Weinheim-Berlin 1966

MURRAY, H. A., *Thematischer Apperzeptions-Test*, Bern-Stuttgart 1958

OERTER, R., *Moderne Entwicklungspsychologie*, Donauwörth 1968

PAVLOV, J. P., *Conditioned reflexes*, London 1927

PIAGET, J., *Nachahmung, Spiel und Traum*, Stuttgart 1969

PROVENE, S., und LIPTON, R. C., *Infants in Institutions,* New York 1962

RAATZ, K., und MÖHLING, Renate, *Frankfurter Tests für Fünfjährige — Konzentration — FTF-K,* Weinheim 1971

ROGERS, C. R., »Measuring personality adjustment in children nine to thirteen years of age«, in: *Teach. Coll. Contrib. Educ.* 458, 1931

ROGERS, C. R., *Counseling and Psychotherapy,* Boston 1942; dt.: *Die nicht-direktive Beratung,* München 1972

ROGERS, C. R., *Client-centered Therapy,* Boston 1951; dt.: *Die klient-bezogene Gesprächstherapie,* München 1973

ROGERS, C. R., und DYMOND, R. F. (Hrsg.), *Psychotherapy and Personality change,* Chicago 1954

ROGERS, C. R., »A Theory of therapy, personality and interpersonal relationship, as developed in the client-centered framework«, in: KOCH, S., *Psychology, a study of science,* 1959, Study I, Vol. 3, S. 184—256

ROGERS, J. M., »Operant conditioning in a quasi-therapy setting«, in: *J. Abnorm. Soc. Psychol.* 60, 1960, S. 247—252

ROTTER, J. B., und WILLERMAN, B., »The incomplete sentences test as a method of studying personality«, in: *J. consult. Psychol.* 11, 1947, S. 43—48

SCHEUERL, H., *Das Spiel. Untersuchungen über sein Wesen, seine pädagogischen Möglichkeiten und Grenzen,* Weinheim 1954

SCHMIDTCHEN, S., und ALVENSLEBEN, v. D., *Symptomfragebogen für Erzieher,* Pinneberg 1970

SCHMIDTCHEN, S., »Effekte von klientenzentrierter Spieltherapie«, in: *Zeitschrift für klin. Psychol.,* 1972, 49—63

SCHUSSER, G., *Lehrererwartungen,* München 1972

SECORD, P. F., und BACKMAN, C. W., *Social Psychology,* New York 1964

SELG, H., *Einführung in die experimentelle Psychologie,* Stuttgart 1966

SKINNER, B. F., *The behavior of organisms,* New York 1938

SKINNER, B. F., *Science and human behavior,* New York 1953

SNIJDERS, J. Th., und SNIJDERS-OOMEN, N., *Snijders-Oomen- nichtverbale Intelligenztestreihe (S. O. N.),* Groningen 1964

SPENCER, H., *Prinzipien der Psychologie,* Stuttgart 1886

STAABS, G. v., *Der Szenotest,* Bern-Stuttgart 1951

TAUSCH, R., und TAUSCH, Annemarie, *Kinderpsychotherapie im nicht-direktiven Verfahren,* Göttingen 1956

TAUSCH, R., *Gesprächspsychotherapie,* Göttingen 1970

TAUSCH, Annemarie, und TAUSCH, R., *Erziehungspsychologie*, Göttingen 1970

TAUSCH, R., »Geprüfte Annahmen und Prozeßgleichung zur klientenzentrierten Gesprächspsychotherapie«, in: REINERT, G.,: *Berichte über die Kongresse der Deutschen Gesellschaft für Psychologie. Der 27. Kongreß in Kiel*, Göttingen 1973

TAUSCH, R., »Intrapersonelle Kommunikation«, Referat, gehalten auf dem 28. Kongreß der Dt. Gesellsch. f. Psych., Saarbrücken 1972

THOMAS, M., *Geschichten vervollständigen;* dt.: GEISLER, Erika, »Thomas-Erzähltest«, in: *Archiv für Kinderheilkunde* 153, 1956, S. 169

THORNDIKE, E. L., *The fundamentals of learning*, New York 1932

THURNER, F., und TEWES, U., *Der Kinder-Angst-Test (KAT)*, Göttingen 1969

TORGERSON, W. S., *Theory and Methods of Scaling*, New York 1958

TRUAX, C. B., und CARKHUFF, R. R., *Toward effective counseling and psychotherapy: Training and practice*, Chicago 1967

WATSON, J. B., *Behaviorsm*, London 1931

WECHSLER, D., *Hamburg-Wechsler-Intelligenztest;* dt.: Bearbeitung: BONDY, C. (Hrsg.), Bern-Stuttgart 1966

WOLPE, J., *Psychotherapy by reciprocal inhibition*, Stanford 1958

WOLPE, J., und LAZARUS, A. A., *Behavior therapy techniques. A guide to the treatment of neuroses*, Oxford 1966

WOLPE, J., *The practice of behavior therapy*, New York 1969

WUNDT, W., *Grundriß der Psychologie*, Leipzig 1913

ZIMMERMANN, K. W., *Psychodiagnostische Verfahren zur Untersuchung von Lernbehinderten*, Berlin 1969

ZULLIGER, H., *Bausteine zur Kinderpsychotherapie und Kindertiefenpsychologie*, Bern-Stuttgart 1966

Namen- und Sachregister

214

216

218

219

220

Studienausgaben

BURGHARD BEHNCKE
Psychoanalyse in der Erziehung
160 Seiten

JOHN BOWLBY
Bindung
Eine Analyse der Mutter-Kind-Beziehung
Ca. 352 Seiten (erscheint im Juni '75)

EDRITA FRIED
Der intensive Mensch
264 Seiten

H. GOETZE / W. JAEDE
Die nicht-direktive Spieltherapie
220 Seiten

IWAN PETROWITSCH PAWLOW
Die bedingten Reflexe
248 Seiten

JOSEF RATTNER
Psychoanalyse und Gruppenpsychotherapie der Angst
196 Seiten

CARL R. ROGERS
Die nicht-direktive Beratung
(Counseling and Psychotherapy)
360 Seiten

CARL R. ROGERS
Die klient-bezogene Gesprächstherapie
(Client-Centered Therapy)
474 Seiten

H. F. SEARLES
Der psychoanalytische Beitrag zur Schizophrenieforschung
(Collected Papers on Schizophrenia and Related Subjects)
276 Seiten

B. F. SKINNER
Wissenschaft und menschliches Verhalten
(Science and Human Behavior)
428 Seiten

B. F. SKINNER
Die Funktion der Verstärkung in der Verhaltenswissenschaft
(Contingencies of Reinforcement)
262 Seiten

D. W. WINNICOTT
Die therapeutische Arbeit mit Kindern
(Therapeutic Consultations in Child Psychiatry)
328 Seiten mit 351 Zeichnungen

verlegt bei Kindler

Psychologische Handbücher bei Kindler

FRIEDRICH KANFER / JEANNE S. PHILLIPS
**Lerntheoretische Grundlagen der Verhaltens-
therapie**
(Learning Foundations of Behavior Therapy)
Ca. 656 Seiten, Leinen (erscheint im Oktober '75)

ECKARD H. HESS
Prägung
Die frühkindliche Entwicklung von Verhaltensmustern
bei Tier und Mensch
Ca. 520 Seiten, Leinen (erscheint im September '75)

**Handbuch der Ehe-, Familien- und Gruppen-
Therapie**
Herausgegeben von CLIFFORD J. SAGER
und HELEN SINGER KAPLAN
Edition der erweiterten deutschen Ausgabe
von ANNELISE HEIGL-EVERS
Mit einem Vorwort von Horst E. Richter
3 Bände mit insgesamt 1276 Seiten, Leinen

Handbuch der Verhaltenstherapie
Herausgegeben von CHRISTOPH KRAIKER
672 Seiten, Leinen

Handbuch der Kinder-Psychoanalyse
Einführung in die Psychoanalyse von Kindern und
Jugendlichen nach den Grundsätzen der Anna-Freud-Schule
Herausgegeben von GERALD H. J. PEARSON
424 Seiten, Leinen

Handbuch der psychologischen Theorien
von ANN F. NEEL
568 Seiten, Ppb.

FRIEDRICH DOUCET
Forschungsobjekt Seele
Eine Geschichte der Psychologie
352 Seiten, Leinen

IRVIN D. YALOM
Gruppenpsychotherapie
Grundlagen und Methoden
450 Seiten, Leinen